"十三五"国家重点出版物出版规划项目

转型时代的中国财经战略论丛

基于可持续发展视角的企业社会责任信息披露研究

Research on Corporate Social Responsibility Information Disclosure from the Perspective of Sustainable Development

程天敏◎著

中国财经出版传媒集团

经济科学出版社

Economic Science Press

图书在版编目（CIP）数据

基于可持续发展视角的企业社会责任信息披露研究/
程天敏著．—北京：经济科学出版社，2020.1
ISBN 978－7－5218－1250－3

Ⅰ.①基…　Ⅱ.①程…　Ⅲ.①企业责任－社会责任－
信息管理－研究－中国　Ⅳ.①F279.2

中国版本图书馆CIP数据核字（2020）第021637号

责任编辑：杨　洋
责任校对：齐　杰
责任印制：李　鹏　范　艳

基于可持续发展视角的企业社会责任信息披露研究
程天敏　著
经济科学出版社出版、发行　新华书店经销
社址：北京市海淀区阜成路甲28号　邮编：100142
总编部电话：010－88191217　发行部电话：010－88191522
网址：www.esp.com.cn
电子邮件：esp@esp.com.cn
天猫网店：经济科学出版社旗舰店
网址：http://jjkxcbs.tmall.com
北京季蜂印刷有限公司印装
710×1000　16开　13印张　200000字
2020年5月第1版　2020年5月第1次印刷
ISBN 978－7－5218－1250－3　定价：53.00元
（图书出现印装问题，本社负责调换。电话：010－88191510）

本书得到2018年西南政法大学引进人才科研资助项目“中国企业社会责任推进机制研究”（项目编号：2018－XZRCXM001）资助

前　言

企业社会责任（corporate social responsibility，CSR）是一个历久弥新的研究课题，备受社会关注。这一课题吸引着来自法学、社会学、伦理学、经营学、经济学等不同学科的学者对其进行研究，目的是着力解决该领域理论与实践中存在的问题。为推动该研究的发展，本书开展了关于中国企业社会责任信息披露的研究。

20 世纪 90 年代初期，CSR 运动在全球范围内逐步兴起。此后，公众对环境保护等有关社会责任的关注度持续上升，要求企业履行社会责任的呼声日益高涨。进入 21 世纪，各国政府及监管机构也对企业在社会责任方面投以极大的关注，对企业在履行经济、环境和社会方面赋予更多的期望。与此同时，全球各地 CSR 的缺失如食品安全事件频发、劳资关系紧张、环境问题突出等带来的负面影响，使公众对企业发展过程中可能产生的环境与社会影响问题愈发重视。如今，企业如何履行好社会责任逐渐成为社会各界关注的焦点，对该课题进行研究显得愈加重要和紧迫。学术界的许多研究中将 CSR 视为实现社会与企业的可持续发展的重要因素。企业若要实现可持续发展，做到诚信公开、透明经营，信息披露是重要的一环，这使得越来越多的企业开始重视这一环节。且随着社会各界对企业的期望越来越高，信息披露成为企业普遍面临的问题，也是学者关注度较高的研究问题之一。

环境问题是当今国际社会存在的普遍问题，也是中国面对的最大挑战之一。在涉及环境污染治理时，公众想到的一般是末端治理。事实上，国外经验表明，环境污染治理也可以通过经济或金融手段引导社会资本和资源的投入加以改善。中国也需要积极推进绿色金融体系的建设，包括发行绿色债券、使用绿色评级或碳排放交易等手段为支持绿色经济的发展提供支撑。而信息披露正是绿色金融领域中重要的一环，它包括要求发行债券企业或上市公司发布社会责任报告，披露有关环境和社会的信息。企业社会责任报告，亦称 CSR 报告（包括企业公民报告、社会责任报告、可持续发展报告、环境社会及管治报告等），作为企业传播社会责任具体行为的重要载体以及披露社会责任信息的重要工具，具有涵盖内容全面、集中的特点，有助于搭建企业与利益相关者之间的沟通桥梁，所公开的内容也为利益相关者进行相关决策提供系统性参考，是一种改善企业与公共关系、避免冲突的有效手段。全球报告倡议组织（GRI，2013）也指出，CSR 报告让抽象的社会责任问题明晰化，企业在信息披露过程中将助推其实现可持续发展。如今，重视社会责任的中国企业与日俱增，发布报告的企业如雨后春笋般地涌现。根据关键定量指标（Material and Quantitative Indicators，MQI）数据库显示，中国境内发布此类的报告从 2001 年的 1 份增加到了 2010 年的 764 份，再到 2014 年突破了 2000 份。截至 2019 年 8 月 31 日，MQI 数据库已收录了 3988 家企业的 13627 份报告，数量激增可以看出中国企业在该领域迅猛发展的势头。但这些报告中也存在一些信息披露质量问题，如透明度较低、报喜不报忧等问题，大大降低了其作用和价值。此类问题既不利于企业自身社会责任绩效的改善，也不利于利益相关者对企业披露的社会责任信息进行评价。在报告数量大幅增长的今天，各利益相关者想要看到的不是资料堆础，而是能够如实反映企业在可持续发展议题上承担社会责任实践绩效的报告。报告数量再多，如果外界对不同质量的报告统一无差异对待，就很难形成一种动力机制来推进报告从量变向质变转化。因此，加强信息披露和提高披露质量已成为该研究领域的重要课题之一。

针对 CSR 信息披露，还有一些研究空间亟待跟进补充。在已有的研究中，并没有以基于全球报告倡议组织发布的《可持续发展报告指南》对 CSR 报告进行系统性的分析。本书基于研究对象报告中披露的可持续发展报告指南对照表，对其进行了评价分析。采用报告来源于 MQI 数据库，以 2018 年 9 月 30 日为基点。为了更全面系统地剖析中国企业社会责任信息披露情况，本书分别从研究样本总体、企业性质以及行业 3 个维度对其进行了分组分析，以考察它们的结构性特征。因此，本书的内容分析可作为有益的补充。

本书围绕着 CSR 信息披露这条主线展开，促进信息在企业与各利益相关者之间的有效传播。按照这个思路，本书共分为 8 章：第 1 章首先介绍本书的选题动机，阐述本书的理论基础，并明确采用的研究方法；第 2 章在国内外已有概念的梳理和评述的基础上，阐述 CSR 的概念渊源和理论脉络，进而评价 CSR 的演进；第 3 章在阐述国内外有关 CSR 信息披露相关政策基础上，对以往研究成果进行综述；第 4 章对国内外有关 CSR 的体系构建及评价方法进行梳理，为后续章节研究奠定基础；第 5 章、第 6 章和第 7 章是本书的核心，依据构建的评价体系对研究样本企业进行综合分析，系统展现了其信息披露的现状，并运用相同的评价体系对外商及中国港澳台地区企业（以下简称“外商投资企业”）、民营企业、国有及国有控股企业以及制造业、金融业企业进行评价，剖析了不同性质企业和不同行业的信息披露情况与特征；第 8 章归纳了全书的研究结论、政策性建议，并分析了本书的局限性。

本书以探讨信息披露问题为出发点，旨在构建信息披露的评价体系，基于研究样本的报告，全面而系统地分析了其信息披露状况，充分揭示了其现阶段发展水平。期望通过本书，让社会各界认识和把握研究样本的信息披露发展现状，为企业衡量自身信息披露水平和利益相关者评价其披露信息提供依据，并提出完善信息的对策与建议，以期为中国企业社会责任的发展起到一定的推动作用。

程天敏
2019 年 9 月

目　　录

第1章　导　　论

1.1　研究背景与意义

1.1.1　研究背景

企业作为社会的重要组成部分，发展的目标应该是实现整个社会利益的最大化，而不是仅限于企业自身的利益。然而，这只是公众的美好愿望，因为部分企业发展并没有按照这一理想的轨迹前行。当下，由于CSR的缺失而造成的反面事件仍然时有发生。全球各地区发生的环境污染、侵害劳动者权益和消费者利益等一系列社会问题，以及由此引发的环境保护、劳动者、消费者等一系列运动，使该问题和发展备受关注。在这种情况下，世界范围内的利益相关者对于企业主动承担社会责任的呼声越来越高。

随着利益相关者对企业的期望越来越高，信息披露成为各国企业普遍面临的问题，致使越来越多的企业开始重视信息披露，于是就有了如何衡量有关社会责任信息披露的问题。诸如股东和投资者为企业提供资金，是企业重要的利益相关者之一。对于股东和投资者而言，其关注的焦点是公司股价上涨或分红，有可能基于报告信息披露而导致他们的投资决策发生改变。企业对股东和投资者的责任主要体现为经济责任，同时还要重视与投资者之间的关系，强化对外部的信息披露，保障投资者的知情权以及提高经营管理的透明度。企业承担对股东和投资者的责任以及披露相关信息，对他们的责任履行越充分，越容易赢得他们的信任，降低企业的融资难度并拓宽筹资渠道，从而进一步优化财务结构以保障企业资金供给稳定。便利的融资与稳定的资金供给是企业发展的基础，也是企业提高资产质量的有力保障，这为企业的可持续发展提供经济支撑。

然而，与社会责任相关的信息大多源自企业内部。企业虽然掌握了大量的信息，但可能不主动或根本不披露，尤其是涉及负面的信息。如今，外部环境的变化导致企业不得不披露信息。除了政府及监管机构要求企业披露社会责任信息以外，民间组织或社会团体也以保护劳动者权益为由，要求那些有着大量外包业务的企业公布其供应商名单，并说明供应链工厂所采取的保护劳动者权益的相应措施。进入 21 世纪，中国的民间组织或社会团体也要求金属加工、电子产品等行业企业更加透明，并降低其供应商在生产与运输过程中所造成的环境污染。基于此，包括苹果、三星等在内的越来越多企业公布了供应商名单和保护环境的措施。

外部环境的变化让企业开始重新审视有关社会责任信息披露问题。以往，民间组织等对此类信息的诉求是基于某些突发的社会负面事件集中反映出来后提出的，带有偶发性。如今，来自外部利益相关者这一诉求接踵而至，要求也与日俱增，企业已经无暇逐一回应。而与其相关的利益相关者在不能获取相关信息时就会立即产生一连串的疑问。作为应对方式之一，企业通过编制并发布 CSR 报告，以回应利益相关者对企业所履行情况与披露信息的疑问。2000 年后，跨国公司发布报告的数量正在逐年攀升，尤其在美国《财富》杂志评选的“全球最大五百家公司”（亦称世界500强企业）中，多数企业都主动编制并予以公开。近年，中国企业也陆续发布此类报告，并形成常态化披露机制。这些信息被各方所用，有些成为企业发行绿色债券的依据，有些成为金融机构提供融资的参考，有些成为投资者分析企业可持续发展指数的信息源。

尽管有人对CSR报告的作用与决策价值提出质疑，但大多数利益相关者注意到了报告的作用及价值。各国政府与监管机构逐步关注企业履行社会责任的状况，并将此类信息披露纳入监管范围，甚至对直属管辖企业实施强制披露的政策，如在时间等方面对部分企业信息披露进行了强制性要求和约束。毋庸置疑，政府在推进企业履行社会责任中扮演着重要角色。2000年以来，中国政府及监管机构就陆续制定并完善相关法律法规，有针对性地对企业履行社会责任与信息披露进行引导和监督。尤其是2006年1月开始生效的《中华人民共和国公司法》中明确提出企业必须承担社会责任后，CSR在中国进入了加速发展阶段。此后，中央政府职能部门也在多个文件中明确提出，要求企业积极履行社会责任。2006年7月，国务院国有资产监督管理委员会（以下简称“国资委”）印发了《关于国有企业更好履行社会责任的指导意见》，该意见明确指出，企业应该履行社会责任，最大限度地促进社会的可持续发展。2007年2月，国家环境保护总局通过的《环境信息公开办法（试行）》中明确规定企业必须公开环境信息。2007年12月，中国银行业监督管理委员会颁布的《关于加强银行业金融机构社会责任的意见》提出，银行业金融机构履行社会责任是构建和谐社会的必然要求、是提升银行业金融机构竞争力的重要途径，应切实采取措施履行社会责任。同时，国资委制定了《关于中央企业履行社会责任的指导意见》，要求中央企业建立CSR报告制度。

此后，越来越多的企业主动或被动地发布 CSR 报告以披露企业的非财务信息，但从信息披露的角度看，仍然面临不少挑战。商道纵横（2015）曾指出中国企业在社会责任信息披露方面存在的问题①：首先，是现有信息缺乏价值，报告时常提及企业“好人好事”的案例，而没有告诉利益相关者具有实质性的有效信息，即使有效信息被公开出来也缺乏量化和比较；其次，是投资者、消费者等众多利益相关者没有充分利用此类信息的价值。此外，企业对披露社会责任信息比较谨慎甚至排斥，而且为了将自身与不承担或少承担社会责任的企业区别开来，往往会更积极披露自身的正面信息，而尽可能回避自身的负面信息。其原因之一是担心在信息披露过程中将负面信息传递给利益相关者，进而暴露出自身的弱点，这有可能加剧企业面临的社会压力与风险，从而造成巨额损失，使企业处于不利的竞争局面。因此，并不是所有企业积极主动公开信息，CSR 信息披露成为诸多企业面临的两难选择，也成为学者关注的研究领域之一。更为突出的是，学术界对 CSR 的研究也从企业是否应当承担社会责任的争论焦点逐步转向如何促进企业更好地履行社会责任的重点上来，从而更大程度上提高企业履行社会责任的意识，并关注企业履行社会责任后的信息披露。

1.1.2 研究意义

从信息内容到信息形式，包括传播方式和传播途径也越来越走向多元化，这使得 CSR 信息披露格局发生较大变化。从空间维度上看，不同区域对企业履行社会责任的期待也有所不同，欧洲主要关注员工福利，

① 商道纵横：《全面认识企业社会责任报告》，社会科学文献出版社 2015 年版。

美国则比较关注慈善捐赠，而日本重点关注环境保护等；从时间维度上看，企业承担的社会责任领域随着社会的发展在不断变化。因此，企业披露的社会责任信息也随之变动。例如，当今全球关注的“碳排放”议题在20世纪90年代之前并没有被纳入企业应当履行的社会责任范畴。由于CSR受到多方的关注，涌现出了大量的研究成果。国外从20世纪50年代开始关注该问题，国内起步较晚，从20世纪90年代开始，各国学者从不同视角对企业是否应该承担、承担哪种行为以及如何承担、承担后获取哪些效益等问题进行了一系列研究。进入21世纪，国内学者、研究机构等相继从不同角度对CSR的理论和实践展开探索，推动着该研究主题不断走向深入。与此同时，各国政府陆续推出相关政策，一些国际组织相继制定了有关CSR的管理和信息披露的标准，其目的是引导企业将社会责任嵌入管理运营中，以推进人类社会和企业的可持续发展。

通过政府出台的相关法律法规与制定的一系列政策，以及国内外相关组织、研究机构的不断努力，越来越多的企业开始披露社会责任信息并发布报告，但是与CSR报告数量增长的速度相比，信息披露的水平却亟待提高。针对此类问题国内学者也进行了大量的研究与探索，取得诸多有价值的成果，为推动该领域的研究与发展做出了贡献。其中，利用数值定量信息对CSR信息披露进行评价是目前理论界和实务界比较普遍的做法，但基于不同视角以及不同测量手段，导致一些针对CSR信息披露的评价体系缺乏相应的权威性，进而遭到相关人士的质疑。徐雪高等（2017）就指出，“目前，全世界还没有一个理论上严谨、内容上全面、方法上客观，具有普适性的CSR评价体系”。① 评价指标体系是整个CSR

① 徐雪高、张照新等：《农业产业化龙头企业社会责任信息披露与行为评价研究》，中国农业出版社2017年版。

评价工作的核心，科学合理的评价体系可以反映经济社会发展对企业的要求，也有利于企业了解相关领域的执行情况，以便采取有效措施，实现企业的可持续发展。在学术界对 CSR 日益关注的形势下，如何科学地构建评价体系以及客观地选取评价指标，对此类信息披露全貌进行评价显得尤为重要。换言之，选择客观的信息披露指标并构建指标体系，以便科学全面地解读信息披露，是推动企业更高质量地披露社会责任信息的基础。

本书通过探讨 CSR 信息披露问题，为该领域的发展提供新的方法，即构建以全球报告倡议组织（Global Reporting Initiative，GRI）为基础的评价体系，为该领域的深入研究奠定基础。GRI 致力于建立具有广泛适用性的指导企业编报报告的框架，该框架的主要组成部分是《可持续发展报告指南》（以下简称“GRI 指南”）。该指南能够以其全面性以及可比性而成为目前指导企业发布报告应用较为广泛、较为权威的编制依据。瑟维斯和塔马约（Servaes and Tamayo，2013）也指出，GRI 的框架涉及了经济、环境和社会领域的内容，较好地反映了 CSR 的全面性。但该指南并非是一种行为守则，它只是要求企业披露做了什么以及正在做什么。至于企业在这些领域做得好坏与否，则需要由阅读报告的读者自行判断。有研究结果表明，参照 GRI 指南的报告质量要优于非参照 GRI 指南的报告。美国有关环境、社会和治理（environmental，social and governance，ESG）的咨询机构发布了关于 CSR 报告质量的评价结果，选取财富世界 500 强企业，就参照 GRI 指南的报告质量是否良好，基于人权（human rights）、外部利益相关者参与（ext. stakeholder engagement）、劳动关系（labor relations）、行为准则（codes of conduct）、供应链（supply chain）、诚信保证（integrity assurance）、反腐败（anti-corruption）、环境（environment）、执行信息（chair's message）、治理（governance）、慈善事业

(philanthropy) 的11项内容以及总体 (overall) 得分，评价了481家企业参照GRI指南以及91家企业非参照GRI指南的各项内容，得出结论如图1－1所示 (Governance and Accountability Institute，2017)。从评价结果来看，在11项目以及总体评价中参照了GRI指南的分值都高于非参照GRI指南。其中得分差距最大的是“人权”，参照GRI指南是非参照GRI指南的3倍。其他，差距达到20分以上项目有“外部利益相关者参与”。

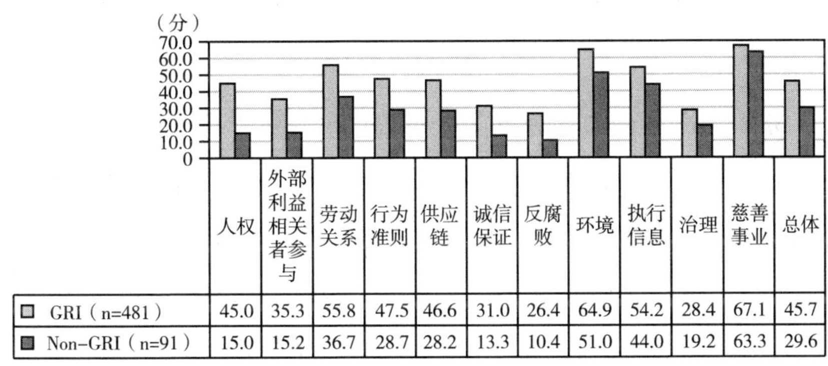

	人权	外部利益相关者参与	劳动关系	行为准则	供应链	诚信保证	反腐败	环境	执行信息	治理	慈善事业	总体
GRI (n=481)	45.0	35.3	55.8	47.5	46.6	31.0	26.4	64.9	54.2	28.4	67.1	45.7
Non-GRI (n=91)	15.0	15.2	36.7	28.7	28.2	13.3	10.4	51.0	44.0	19.2	63.3	29.6

图1－1 参照GRI指南与非参照GRI指南的报告评价分布

资料来源：Governance and Accountability Institute (2017)。

GRI建立的目的在于提高报告的质量和实用性，同时实现报告所披露信息的可比性，来帮助企业以及政府、投资者和一般公众清楚地了解可持续性方面的进展。本书通过CSR报告，基于GRI指南分析其现阶段信息披露的状况，并据此提出完善CSR信息披露的建议，以推动CSR信息披露前进的脚步，对实现企业的可持续发展具有现实意义。此外，本书的样本大多在各自所属行业影响力较大，其社会责任履行情况与信息披露也备受利益相关者关注。研究意义具体表现在三个方面：第一，丰富该领域的量化研究，有助于提高社会各界对企业承担社会责任的关注；第二，方便不同性质以及不同行业企业了解自身社会责任发展水平，以便助推企业更加科学、客观地编报报告，提高信息披露的质量；第三，为政府、监管机构、行业组织等出台相关政策与措施，以及利益相关者评价企业履行社会责任提供依据。

1.2　理论基础与主要内容

1.2.1　理论基础

本书的理论基础是利益相关者理论。在亚当·斯密（Adam Smith）的“看不见的手”的作用下，企业经济效益与社会资源的优化配置能够自动实现一致，即企业追求利益最大化的行为能有效促进社会资源的最优配置。换言之，企业的责任就是努力实现经济效益最大化。经济效益是企业履行社会责任的主要因素之一，企业判断履行社会责任产生收益大于成本时，才会更积极进行；反之，企业则不会积极主动承担。如今企业的影响已不再局限于经济领域，而是在经济、环境和社会三个领域都存在着密切联系，于是企业就有对经济、环境和社会负责，为实现社会的可持续发展而做出贡献。

第二次世界大战后，工业的大力发展衍生了许多大型企业，在社会中地位变得越发重要，对全球社会的影响也逐渐增大，导致企业在社会中影响到的利益相关者也越来越多。早在20世纪60年代，就有国外学者围绕利益相关者的概念、分类等开展了研究。其中，安索夫（Ansoff，1965）率先将利益相关者概念引入学术界，指出企业在制定战略目标时，需要考虑包括经营者、员工、股东等不同利益相关者的诉求。此后，弗里曼（Freeman，1983）将利益相关者解释为能够影响企业目标实现以及受到企业活动影响的人或群体，他的观点受到学术界的广泛认可。同一时段，他与其他学者又提出类似观点，将利益相关者解释为既能够影响一个企业目标实现，又会受到企业活动影响的个人或群体（Freeman and Reed，1983）。而阿尔卡弗吉（Alkhafaji，1989）以及布伦纳和科克伦（Brenner and Cochran，1991）认为，利益相关者是指那些企业对其负有责任或那些与企业有关系的人。除此以外，克拉克森（Clarkson，1995）将利益相关者解释为那些在企业中有一定投入并承担一定风险的人或群体，并指出企业是由利益相关者组成的系统。针对利益相关者，国内也有学者对其进行阐释。从目前的表述来看，与国外研究的主流观点相似。其中，刁宇凡（2013）认为，利益相关者包括股东、员工、供应商等直接利益相关者和政府、社区等间接利益相关者。例如，投资者为企业提供了资金，企业就需要给投资者予以回报；消费者购买了企业产品，企业要保证产品质量与安全使用等。

CSR是对利益相关者实施责任，如弗里曼（1999）主张在CSR管理中需要考虑利益相关者的参与，但如邦迪等（Bundy et al.，2013）所述，有关利益相关者的分类和排序问题，又成了CSR研究的主要困惑。企业是由各个利益相关者构成的“契约联合体”，企业经营活动需要综合平衡各个利益相关者的诉求。卡罗尔和巴克霍尔茨（Carroll and Buchholtz，2004）也发表类似主张，认为企业是其利益相关者相互关系的联结。企业可以被看作与各利益相关者之间契约的联结，除股东和投资者以外，还包括员工、消费者、政府等。利益相关者不仅包括企业的股东、债权人、员工、顾客、供应商等内部交易伙伴，还包括政府、社区、当地居民等外部压力群体，甚至还包括环境等企业经营活动直接或间接影响的客体。也有学者为企业更好履行社会责任构建了有关理解利益相关者的模型，指出利益相关者在CSR实践中所起的作用至关重要，为了促进企业的可持续发展需要回应相关利益相关者的诉求（Erdiaw-Kwasie and

Shahiduzzaman，2017）。总而言之，利益相关者理论认为，企业的可持续发展需要利益相关者的支持，其在运营过程中除了追求经济效益，同时要兼顾消费者、员工、当地居民等利益相关者的利益。各利益相关者凭借其向企业投入的资源与企业建立利益关系，企业则通过缴纳税费、分配利润、发放薪酬、保护环境等方式对各利益相关者给予回报，各利益相关者的需求是否得到满足以及满足程度成为对企业承担社会责任与披露社会责任信息的衡量标准。随着企业对社会影响力的加大，利益相关者的权利意识也逐步增强，企业通过社会责任信息披露与利益相关者进行沟通变得越发重要。在信息披露过程中，利益相关者是信息的受众方，也是信息需求的发起方。利益相关者在接收到相关信息后也会进行筛选，关注自身感兴趣领域，屏蔽与自身无关或不感兴趣的内容，进而对获取的信息进行消化。企业根据外部利益相关者信息的接收与反馈情况，选择对披露的内容和形式、传播渠道进行相应调整，以便利益相关者的接收和理解，从而提高信息披露的契合性。因此，需要企业考虑众多利益相关者并权衡好各利益相关者的利益需求，以便更好地为其披露信息。

利益相关者理论也为 CSR 信息披露的研究提供了一个理论分析框架，从 20 世纪 80 年代起就有诸多 CSR 信息披露的研究应用了该理论。厄尔曼（Ullmann，1985）构建了一套完整的利益相关者理论框架模型，将利益相关者理论应用至 CSR 信息披露研究。他认为 CSR 信息披露的主要目的在于缓解与利益相关者之间的矛盾。该框架模型包括 3 个观点：（1）当利益相关者控制一家企业的关键资源越多，利益相关者的力量就越大，其对 CSR 信息披露的需求就越被重视，企业也会积极回应利益相关者的信息需求并努力达到利益相关者的期望；（2）CSR 信息披露作为企业管理利益相关者关系战略的一部分，该战略态势越积极，则利益相关者对

CSR信息披露的要求也越高；（3）企业盈利能力越强，其CSR信息披露动机会越高。该理论框架模型为诸多CSR信息披露的研究提供了理论基础。罗伯茨（Roberts，1992）也基于利益相关者理论，分析了CSR信息披露行为与利益相关者之间的相关关系，并强调CSR信息披露可以作为加强企业与利益相关者之间联系的有效方法。此外，格雷等（Gray ct al.，1995a）基于英国公司13年间披露的社会环境报告，阐释了披露此类信息有利于促进与利益相关者之间的沟通。格雷等（1995b）还指出，企业为了获得利益相关者的理解和支持，除了在社会责任实践方面要满足其要求外，还应注重与其进行沟通，并强调CSR信息披露就是与利益相关者进行沟通的一种重要方式。尽管有学者认为，CSR信息披露与部分利益相关者的利益并不相关，如麦克米伦（McMillan，1996）在调查研究中得出结论表明CSR信息对于投资者而言可能没有价值，但更多学者认为CSR信息披露会给众多利益相关者带来利益。CSR信息披露，除了针对投资者以外，也需要回应更广泛的利益相关者的需求。格雷（2000）、霍克茨和莫伊尔（Hockerts and Moir，2004）、高德佛里等（Godfery et al.，2009）都指出，CSR报告的信息披露能为广泛的利益相关者带来利益，而不仅仅是为通常只对财务报告感兴趣的一般的投资者带来利益。与传统的财务报告相比，CSR报告信息披露的潜在受众更多，除投资者以外，消费者、政府、媒体等利益相关者都可能对CSR报告中的内容感兴趣。

综上所述，大多学者指出了CSR报告既有助于提升企业管理能力，又有利于利益相关者评价和认可企业，从而直接或间接为企业带来更多效益。前者满足了企业自身的利益，后者则满足了利益相关者的利益。但不可否认，有些负面消息的披露对于企业而言是不利的。CSR报告如何才能同时满足可能存在的利益相关者之间相对对立的诉求是企业需要解决的问题，而 GRI 主张采用利益相关者的视角，希望其发布的指南能够反映不同利益相关者的需求，并以此指导企业能够编报满足各利益相关者需求的报告。与此同时，符合这一目标的报告应包括有关 CSR 的基础信息以及 CSR 实践的核心内容。而 GRI 发布的《可持续发展报告指南》（第四版）中涉及的报告结构主要包括战略与分析、组织概况、已确定的实质性方面与边界、利益相关方参与、报告概况、治理、商业伦理与诚信 7 个类别，这构成了 CSR 的基础信息。其核心内容从埃尔金顿（Elkington，1998）提及的经济、环境和社会“三重底线”出发，用于分析企业对股东、政府、员工、客户、环境和社区等利益相关者承担社会责任以及承担社会责任后的信息披露的维度。可以看出，GRI 的决策较好地反映了各方的利益。CSR 指标体系的建立，应以利益相关者理论为基础。鉴于此，本书基于利益相关者理论，利用 GRI 中设计的有关经济、环境和社会的指标，分析研究对象的 CSR 信息披露情况。

1.2.2 主要内容

本书共分 8 章，各章主要内容如下：

第 1 章导论。首先阐述了本书的研究背景和理论基础，并说明了本书采用的方法，同时介绍了本书的贡献和创新之处。

第 2 章企业社会责任概念与理论研究。为了对 CSR 内涵有较为全面的理解，本章简要概述了 CSR 概念在欧洲、美国的发展和演变，介绍了国内外学者对 CSR 的定义及一些机构对 CSR 的界定。并对 CSR 理论体系发展的脉络进行梳理，介绍了利益相关者理论、可持续发展理论、三重底线理论、企业公民理论等相关理论框架，为研究 CSR 提供了理论基础。

第3章企业社会责任信息披露制度与研究评述。本章首先回顾了CSR信息披露的历史溯源和发展轨迹，并阐述了中国企业社会责任信息披露的制度背景，进而对国内外CSR信息披露相关研究进行评述。

第4章企业社会责任的评价体系。本章梳理了国内外有关CSR的体系构建及评价方法，为本书后面的研究奠定了基础。

第5章中国企业社会责任信息披露评价。本章依据报告评价体系对收集的CSR报告进行系统分析，展现了研究样本的信息披露现状。

第6章中国不同性质的企业社会责任信息披露评价。为了更全面系统地剖析不同结构的CSR信息披露情况，本章运用相同的评价体系，对外商投资、民营、国有及国有控股三类不同性质企业的CSR报告进行分析，以考察其信息披露的结构性特征。

第7章中国不同行业的企业社会责任信息披露评价。本章运用相同的评价体系，对制造业和金融业的CSR报告进行分析，剖析了不同行业信息披露的情况与特征。

第8章研究结论与政策建议。对本书的研究结论进行综述，提出相应的政策建议，并对本书的局限性进行讨论，同时提出了笔者的展望。

1.3 研究方法、技术路线与创新之处

1.3.1 研究方法

本书采用以下方法开展研究。

首先，本书采用文献分析和归纳分析，对国内外已有的有关CSR信息披露的研究成果进行梳理和综述，使读者进一步了解本书相关领域的

现状。通过对国内外学术界的研究成果进行系统地信息提取，寻找其中共同及不同的观点与结论，为本书提供支撑。

其次，本书采用内容分析展开研究。关于内容分析法，它可以对某个样本做技术性处理，将样本的内容分解为若干分析单元，通过统计方法以评价单元内所呈现的性质，从而揭示某项专题的发展水平。本书利用内容分析法对作为分析单元的 CSR 报告进行评价，深入分析其披露的信息内容。通过分析 CSR 报告中披露的内容来研究样本的信息披露情况，以及通过不同企业性质、不同行业间的信息披露来分析其信息披露的情况与特征。

本书的研究样本是在 MQI 平台上所公布的最新披露的各类电子版 CSR 报告（包括社会责任报告、可持续发展报告、环境社会及管治报告），在该平台不能下载的部分报告，通过企业官方主页以及搜索引擎获取的。截至 2018 年 9 月 30 日，最终收集到 106 份显示了 GRI 指南对照表的 CSR 报告。之所以选取 MQI 平台作为研究样本，是因其收录报告较为全面，商道纵横（2015）也指出 MQI 数据库是中国最完整的 CSR 报告数据库，且这些企业在所属行业内都具有一定影响力，可以成为创造社会价值、促进社会可持续发展的典范①。选取 CSR 报告进行分析是基于以下四点考量：第一，CSR 报告是对企业履行社会责任进行的系统总结，能较为全面地反映企业履行社会责任的状况；第二，CSR 报告成为接受来自利益相关者监督的工具，也成为信息披露趋势；第三，一些 CSR 报告经过了第三方点评、评价或审验，故报告中的信息比较客观；第四，如商道纵横的胡蓉等（2018）、国务院国资委综合局（2018）等相关机构也利用 CSR 报告进行了分析。

① 商道纵横：《全面认识企业社会责任报告》，社会科学文献出版社 2015 年版。

1.3.2 技术路线

ISO 26000《社会责任指南》的推出引起了国际社会对CSR问题的广泛关注。同样，作为全球范围内应用最为广泛的CSR报告指南，GRI在2013年推出了第四版《可持续发展报告指南》（以下简称“G4”），以助推企业编报质量更高的CSR报告。参照G4编写的报告指的是严格依照GRI指南的披露要求，并在报告中加入指标索引表，即GRI指南对照表（见附录2），以便外界对报告中所披露的信息进行对照。G4的推出将CSR评价的问题进一步推到了企业界和学术界的视线当中，本书即以G4为样本，基于报告中呈现的GRI指南对照表，对中国企业进行分析。程天敏（2013，2014，2015）就基于该方法针对中国企业进行了分析，为该领域的研究发展提供了参考。

本书基于GRI中显示的定性指标对收集到报告中的信息披露进行综合评价。体系指标构成包括报告结构以及经济、环境、社会方面，共149项定性指标（见表1-1）。并根据具体定性指标，对报告披露的信息逐项评分。布恩等（Booth et al.，1987）指出，在设定一套指标体系的基础上，对各项指标进行评分是各种衡量CSR信息披露的研究中较为精确的一种方法。对于定性指标，可以采用以下两种进行评价：一种是如毛毳等（2011）采用的赋值法，即在对CSR进行评价时，对构建的每一定性指标的评价根据不同的等级进行打分；另一种是如庞永师和王莹（2012）采用的加分法，即在对CSR进行评价时，对构建的某项指标进行评分，若企业没有披露相关的信息则为0分，若企业有笼统的解释则给1分，若企业在该领域有较为详尽的解释则加1分，以此类推。本书针对定性指标采用评分方法是，若企业没有披露相关的信息指标则给0分，若有部分披露或披露指标则统一给 1 分。本书把企业所披露的信息分为四个层面，确定这些层面所包括的分层面或小类别，并对分层面或小类别中所包含的指标进行赋值，以评价研究样本的 CSR 信息披露的发展水平。

表 1－1　本书体系指标构成

层面	类别	具体指标
报告结构	7 个类别：战略与分析、组织概况、已确定的实质性方面与边界、利益相关方参与、报告概况、治理、商业伦理与诚信	由 58 个指标构成
经济	4 个类别：经济绩效、市场表现、间接经济影响、采购行为	由 9 个指标构成
环境	12 个类别：物料、能源、水、生物多样性、废气排放、污水及废弃物、产品及服务、遵纪守法、交通运输、环境整体情况、供应商环境评估、环境问题申诉机制	由 34 个指标构成
社会	4 个分层面：劳工实践与尊严劳动（8 个类别：雇佣、劳资关系、职业健康与安全、培训与教育、多元化与机会平等、男女同酬、供应商劳工实践评估、劳工问题申诉机制）；人权（10 个类别：投资、非歧视、结社自由与集体谈判、童工、强迫或强制劳动、安保措施、原住民权利、人权评估、供应商人权评估、人权问题申诉机制）；社会（7 个类别：当地社区、反腐败、公共政策、反竞争行为、遵纪守法、供应商社会影响评估、造成社会影响相关申诉机制）；产品责任（5 个类别：客户健康与安全、产品及服务标识、市场推广、客户隐私、遵纪守法）	由 48 个指标构成

资料来源：笔者根据 GRI（2013）整理。

1.3.3　创新与贡献

本书的创新性和贡献主要体现在以下三个方面：

第一，在研究方法上，通过内容分析法对研究样本的 CSR 报告进行收集以及分析处理。但并不浅尝辄止于对 CSR 信息进行内容分析，而是通过 1 个年度发布的报告进行研究，为评价中国企业社会责任信息披露提供经验证据。

第二，形成了科学合理的信息评价体系与方法。基于 CSR 报告中呈现的表格信息，通过定性指标进行分析，可以更直观地反映企业实际披露状况。期待本书为后续 CSR 研究提供研究框架，以推动该领域研究的进一步前进。

第三，为研究样本在同一时间段中 CSR 信息披露情况以及水平的高低提供经验数据，以帮助其从中发现不足与缺陷，为今后的 CSR 发展提供参考；同时将帮助利益相关者了解现阶段研究样本的 CSR 信息披露情况以及发展水平，并为政府及监管机构出台相关政策与措施提供依据。

第2章 企业社会责任概念与理论研究

2.1 国外对企业社会责任的概念界定

2.1.1 欧美 CSR 概念的演变

欧美 CSR 的演变，大致可以分为以下两个阶段。

（1）第一阶段：CSR 概念的提出。CSR 思想起源于 20 世纪初，最早由英国学者谢尔顿（Sheldon）于 1924 年在著作《管理的哲学》（*The Philosophy of Management*）中，基于诸如贫富差距，尤其是劳工问题和劳资冲突等一系列社会矛盾背景下提出的。他认为企业不能只将为股东赚取最大利润视为企业运营的唯一目的，必须同时考虑除股东以外的其他利益相关者的利益（Sheldon，1924）。该观点提出后引发了企业界的关注。同一时期，美国商务部明确指出了企业除了对股东负责以外，还必须对员工、消费者以及同行负有责任（Heald，1970）。之后，多德（Dodd，1932）和其他学者关于企业是否只应对股东负责进行了争论，他认为企业除了盈利的责任外，还有为社会服务的责任。在谢尔顿提出了 CSR 概念之后，CSR 内涵伴随着经济社会的发展而处在不断演化的过程。

从 20 世纪 30 年代起，出现一些支持扩大 CSR 的观点。例如“受托人”观点，认为企业管理者作为受托人，其行为在兼顾投资者的权益基础上，应同时满足消费者、员工和社会的需要。换言之，企业管理者不仅是股东的受托人，还应该对消费者、员工和社会公众负责任。吉尔伯格（Gjølberg，2009）强调了企业和国家、社会、市场、公民之间关系变化的本质，意味着企业将在全球社会中扮演一个新角色，即社会责任主体。据此，CSR 不再是企业经营活动的附属品，而是企业经营的核心要素，涉及企业经营的各个领域，理解 CSR 内涵并探索如何将 CSR 嵌入管理中的企业可能会因其由此获得竞争优势，进而在未来占据主动。履行社会责任不论行业与规模，是企业不可避免的责任，也是社会的普遍要求，具有普适性。

通过梳理早期国外学者关于 CSR 的研究，其中影响较大的主要观点有下列几种。1953 年，被誉为“CSR 之父”的美国学者鲍恩（Bowen）在其著作《商人的社会责任》（*Social Responsibility of the Businessman*）中明确提出社会责任是商人的一种义务的观点。鲍恩（1953）认为商人的社会责任是指，商人有义务依据社会价值观和目标的要求来拟定和制定政策，并强调即便社会责任行为给企业效益造成负面影响，商人也有必要以对社会负责的态度经营企业。他提出商人必须承担社会责任的观点，虽然受制于时代的局限性，但从此开创了 CSR 研究的领域。

之后，戴维斯（Davis，1960）提出了著名的“责任铁律”，认为商人应关注受到企业经营活动影响人群的诉求，并强调企业在经营过程中要考虑或回应超出狭窄的经济和法律要求等以外的议题，以便达到企业和社会利益的一致性。早期，在社会责任研究领域，商人被屡屡提及，是因为商人成立企业后，企业就被视为商人的私有财产，企业战略与经营决策主要受商人的影响，因而公众认为商人在企业承担社会责任方面扮演重要角色。之后，公众开始认识到商人不再是企业唯一的主人，承担社会责任也不再仅仅是商人的义务。商人的社会责任说辞逐渐被企业的社会责任取代，这一转换对 CSR 概念的演进与发展产生了重大影响。

（2）第二阶段：CSR 概念的发展。第二次世界大战后，伴随着各国大力推进经济建设，出现了日益严重的环境问题，CSR 逐渐进入公众的视野。这一阶段也出现了一系列 CSR 的概念，从概念的演变可以勾勒出 CSR 思想的发展过程。

20 世纪 50 年代，已有学者提出企业在经营过程中需要考虑其在社会中所扮演的角色。鲍恩（1953）对社会责任的解释是，企业家有义务按照社会的目标或价值观去制定相关决策、做出相应决策以及采取行动，把企业经营者作为社会责任的承担方。戴维斯（1960）也指出 CSR 是企业经营者的义务，他们在追求企业利润最大化的同时，应该采取行动来保护和增进社会公益。麦奎尔（McGuire，1963）将 CSR 纳入经济和法律环境中去理解，认为企业不仅要承担经济和法律方面的责任，还要承担超出经济和法律以外的对社会的责任，并指出企业的存在必须有益于社区福利。此外，弗雷德里克（Frederick，1960）认为，社会责任意味着商人应该保证经济体制的运行以满足社会对企业的期望，进而促进社会的进步，而不仅仅限制在对企业利润的追求上。他对社会责任的解释是企业不只是牟取利润，企业经营者要将企业的资源投入到广泛的社会目的。随后，弗雷德里克（1978）还提出企业社会回应概念，并对企业社会回应与企业社会责任的概念进行了区分，认为企业社会责任主要回答在社会责任方面“为什么、是否要做、为谁做”等问题，而企业社会回应则主要回答在社会责任方面“应该如何做、应该做什么、产生什么效应”等问题。之后他还指出该领域的研究只集中在对企业义务和动机的定义，而缺乏引导企业对责任的实际行动和实施（Frederick，1994），这一观点也为引导企业针对 CSR“如何做、采取什么方法、产生什么效应”提供了参考。并且，他将企业社会回应看作 CSR 概念发展的第二阶段，认为企业社会回应是 CSR 的概念性转变，是从伦理概念向管理概念的转变。

进入 20 世纪 70 年代，社会责任绩效（corporate social performance，CSP）被屡屡提及，激起了学者针对企业应当承担何种社会责任的讨论。其中，塞西（Sethi，1975）认为不同的时代有不同的社会需求，根据不同时代的社会需求变化，将 CSR 区划分为三个维度：第一，社会义务，即企业的行为或决策主要是回应法律和市场的限制层面，其标准是法律和经济；第二，社会责任，是对社会规范和社会价值观的回应，企业的行为规范以及所处社会的道德、价值及期望为标准；第三，社会回应，是企业对社会公众需求的回应，需要做各种前瞻性规划和各种预防性控制。随着 CSR 内涵的演变，出现了不同的责任范围。1971 年，美国经济发展委员会发表的《工商企业的社会责任》中明确提出，企业应为大众生活质量的提高做出更多贡献，而不只是提供产品和服务的数量。与此同时，美国经济发展委员会还通过“三个同心圈”对 CSR 的概念进行了界定（Committee for Economic Development，1971）。“三个同心圈”分别代表了以下三个层次的社会责任：第一，内圈圆环责任（inner circle）是企业最基本的责任，即高效地履行经济功能；第二，中间圆环责任（inter mediate circle）是企业在实施经济职能时考虑和配合社会及环境变化并承担责任（如环境保护、满足顾客需求、公平待遇和安全保护等）；第三，外圈圆环责任（outer circle）是企业应更大范围地积极促进社会发展（如消除贫困等）。

一直以来，学术界对CSR内涵、如何承担以及承担哪些行为存在争议，而且企业是否应当承担社会责任本身也是争论的焦点。很长一段时期，CSR都被放在了企业利润的对立面，受到部分学者的质疑与反对。例如，弗里德曼（Friedman，1962）强调，企业承担社会责任会毁坏自由社会的根基。他认为社会不能要求企业以牺牲自身利益为代价承担责任。又如希尔曼和凯姆（Hillman and Keim，2001）研究结果显示，企业的社会绩效与经济绩效之间呈显著的负相关关系，他们认为企业承担社会责任会侵占企业有限的经营资源，增加了企业的成本支出，致使企业在竞争中处于劣势的经营环境。持这种观点的学者大多指出，由于企业所持资源有限，企业对资源的分配和使用就需要在不同的利益相关者之间进行权衡，企业一旦承担了社会责任，势必会影响股东或投资者的权益。受到此类观点的影响，也有人士认为企业如能高效率地利用社会资源以提供社会需要的产品或服务，并以消费者愿意支付的价格进行销售，企业就尽到应有的责任。麦克威廉姆斯和西格尔（McWilliams and Siegel，2000）为了分析了CSR与财务绩效相关关系，以财务绩效为因变量，以CSR绩效和其他控制变量为自变量进行回归分析，发现CSR与财务绩效之间没有存在必然联系。

关于CSR与财务绩效之间的关系，国外学者从不同视角得出了诸多结论。如前述中提到的希尔曼和凯姆（2001）认为，企业承担社会责任会增加成本支出，从而降低财务绩效。也有学者认为企业履行社会责任可以提升企业的声誉和业绩。韦布兰和尚利（Fombrun and Shanley，1990）认为，良好的CSR实践能够提升企业声誉，并给企业长期业绩带来积极影响。大部分研究结果表明从长期观察，CSR对企业价值与财务绩效具有正向作用。科奈尔和夏皮罗（Cornell and Shapiro，1987）强调虽然企业履行社会责任在短期内要支付一定的财务成本，但也因此可以获取更多的社会资源和更良好的经营环境，从而给如借款利息等显性成本和如产品质量等隐性成本带来正向作用。吕夫等（Ruf et al.，2001）研究结果也显示，CSR 与当期财务业绩以及后期财务业绩的变动都有正相关关系。赛义德（Saeed，2011）还指出，CSR 的价值创造有提高收入、降低成本、提升消费者满意度等。对于企业而言，更关注的是承担社会责任对自身的可持续发展将产生何种影响，是增加企业的成本负担，还是带来长远的利益。

在经历了数十年之久的争论后，学术界对 CSR 的研究从企业是否应当承担社会责任的争辩逐步转向如何促进企业更好地履行社会责任的议题上来。学者对 CSR 的认识开始转变，改变了企业只需追求利润的单一社会责任观。其中被广为提及的 CSR 内涵当属卡罗尔提出的定义。卡罗尔（Carroll，1979）认为，CSR 是指社会期望企业履行的义务，并要求企业承担经济方面的责任，还期望企业能够遵守法律、合乎伦理、参与公益。之后，卡罗尔（1991）把法律、经济、伦理和慈善的责任纳入 CSR 的框架中，提出了著名的“金字塔”模型（见图2－1）。他认为，经济责任作为营利性组织的基本属性，是企业最重要的责任，但不是唯一责任；法律责任是企业必须要肩负的，企业作为社会的重要组成部分，社会赋予企业生产性任务以及为社会提供产品和服务的权利，同时也要求企业在遵守法律的基础上实现经济目标；伦理责任是社会公众期望企业遵循一些尚未成为法律条文但却为社会公认的道德伦理；慈善责任是社会通常对企业寄托了期望，是否承担或应该承担何种责任取决于企业自行判断，此类责任完全出于自愿行为。卡罗尔（1999）再次强调，企业必须遵守法律和保持利润，同时也要符合伦理规范，而参与慈善活动是理想的行为，而非必要责任。此后，施瓦茨和卡罗尔（Schwartz and Carroll，2003）指出了不同企业在履行这四项责任的同时，会注重强调其中的一项责任，将慈善责任融入至其他责任中，与其他三项责任形成相互交叉的关系。随着 CSR 在全球范围的逐步推广，越来越多的利益相关者的利益受到重视。卡罗尔（2004）还强调企业要考虑全球利益相关者，尤其是跨国公司要力争作为“全球企业公民”对世界的可持续发展承担责任。卡罗尔在 1979 年提出的 CSR 定义以及在 1991 年提出的“金字塔”模型受到广泛认可。后续国外学者也相继推出有关 CSR 的解释，虽表述有所差异，但大多数没有突破他提出的框架，而是借鉴其框架进行阐释或拓展。

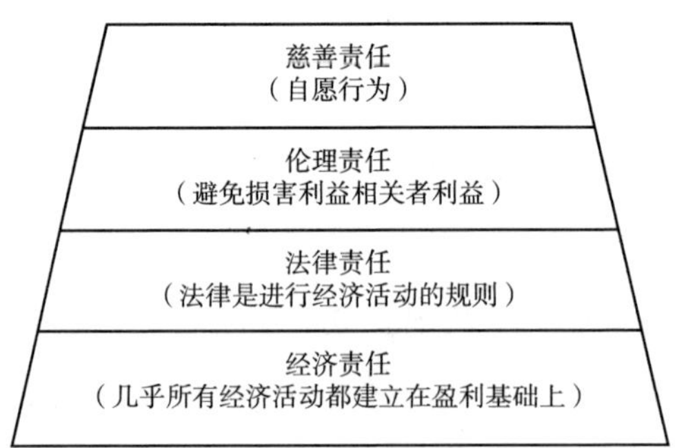

图 2－1　卡罗尔的 CSR“金字塔”模型

资料来源：Carroll，A. B.，1991. The Pyramid of Corporate Social Responsibility：Toward the Moral Management of Organizational Stakeholders. Business Horizons，34（4）：39－48.

2.1.2　国际组织定义的 CSR 的概念

随着经济全球化的发展，许多倡导 CSR 的国际组织如上述的美国经济发展委员会（CED）在 20 世纪 70 年代就提出 CSR 概念以外，包括世界可持续发展工商理事会（World Business Council for Sustainable Development，WBCSD）、欧盟委员会（European Commission，EC）、世界银行（World Bank，WB）、国际标准化组织（International Organization for Standardization，ISO）、GRI 等都力图定义符合全球化发展需求的 CSR 概念，对国际社会理解 CSR 也具有重要意义（见表 2－1）。可以看出，随着经济的发展和时代的变迁，以及企业在实践中履行社会责任的不断深入，国际组织对 CSR 概念的认识也有了发展。经济健康发展、生态良好以及文化繁荣等离不开企业对社会责任的切实履行。总体而言，国际组织所定义的内容大多涉及了针对经济、环境、社会方面的责任。

表 2－1　国际组织对 CSR 的定义

年份	组织	定义
1971	CED	三个同心圈：内圈代表企业的基本责任，即为社会提供产品、就业机会并促进经济增长的经济职能；中圈是企业在实施经济职能时，对其行为可能产生影响的社会以及环境变化承担责任，如保护环境等；外圈包含企业更大范围地促进社会发展的其他责任，如消除贫困等
1999	WBCSD	企业采取合乎道德的行为，在推进经济发展的同时，有改善员工及其家庭、当地社区与社会品质的责任
2001	EC	企业将环境和社会议题融入经济活动之中，并基于自愿性原则与其利益相关者相互作用的一系列行为
2003	WB	企业与关键利益相关者的关系、价值观、遵纪守法以及尊重环境和社区有关的政策和实践的集合
2010	ISO	组织通过透明和道德的行为，为其活动和决策给环境和社会造成的影响所承担的责任
2013	GRI	企业在生产经营过程中对经济、环境和社会目标进行综合考虑，获取经济利益的同时，主动承担起对其他利益相关者的责任

资料来源：笔者根据各国际组织发布的资料整理。

2.2 国内对企业社会责任的概念界定

2.2.1 21世纪前提出的CSR概念

国内的CSR研究较国外稍晚一些。20世纪90年代以来，CSR才真正进入国内学术界的研究视野。在国内，袁家方（1990）最早对CSR进行了定义，认为CSR是“企业在争取自身的生存与发展的同时，面对社会需要和各种社会问题，为维护国家、社会和人类的根本利益，必须承担的义务”。[①] 其观点主要倾向于法律层面，将CSR看作一种义务。刘俊海（1999）则对袁家方指出的“利益”群体进行了划分，认为CSR是“公司不能仅仅以最大限度在为股东们营利或赚钱作为自己唯一存在的目的，而应当最大限度地增进股东利益之外的其他所有社会利益”。[②] 他指出这些利益包括雇员、消费者、债权人、中小竞争者、当地社区、环境、社会弱者及整个社会公共的利益等内容。

2.2.2 21世纪后提出的CSR概念

进入21世纪，越来越多的国内学者关注CSR，有关研究和论述层出不穷，这较大程度上丰富了该领域研究，但也可以看出其概念内涵的不一致。例如，徐尚昆和杨汝岱（2007）采用归纳性方法对国内CSR的概念范围进行分析，并通过中外有关CSR维度的对比，揭示了国内

① 袁家方：《企业社会责任》，海洋出版社1990年版。
② 刘俊海：《公司的社会责任》，法律出版社1999年版。

CSR 的一些独特维度。以下梳理了部分国内学者针对 CSR 提出的概念。谭深和刘开明（2003）将 CSR 定义为“公司不能仅仅以股东利益最大化为唯一目的，也应当考虑股东之外的其他群体的利益”。[①] 而李伟阳和肖红军（2011）把 CSR 解释为“企业有效管理自身运营对社会、利益相关方、自然环境的影响，追求在预期存续期内最大限度地增进社会福利的意愿、行为和绩效”。[②] 陶晓红和曹元坤（2011）则将 CSR 分为三个层次：一是基本社会责任，即必尽责任，包括对股东、员工的责任等；二是中级社会责任，即应尽责任，包括要对消费者、环境的责任等；三是高级社会责任，即愿尽责任，包括承担社会公益、进行慈善捐款等。殷格非等（2018）也提出类似解释，他们认为一家企业应承担的责任可以分为必尽责任、应尽责任和愿尽责任，并指出这三种责任也可以应用至报告中，即企业所披露的社会责任信息包括必尽责任履责信息、应尽责任履责信息和愿尽责任履责信息。其他国内学者针对 CSR 的定义或解释多数与上述列举的观点类似，此处不再赘述。可以发现国内对 CSR 概念的研究已经进入了较为成熟的阶段。

众所周知，CSR 既涉及企业又涉及社会，还涉及伦理学、法学、管理学和经济学等学科，这吸引了不同学科背景学者的参与。不仅如此，除了学者以外，相关机构也参与其中。2006 年 9 月，深圳证券交易所发布的首份有关社会责任指引《上市公司社会责任指引》中，将上市公司的社会责任定义为“上市公司对国家和社会的全面发展、自然环境和资源，以及股东、债权人、职工、客户、消费者、供应商、社区等利益相

---

① 谭深、刘开明：《跨国公司的社会责任与中国社会》，社会科学文献出版社 2003 年版。

② 李伟阳、肖红军：《企业社会责任的逻辑》，载于《中国工业经济》2011 年第 10 期，第 87 ~ 97 页。

关方所应承担的责任”。[①] 《商业价值》杂志（2012）认为，CSR 是指“企业在创造利润、对股东承担法律责任的同时，还要承担对员工、消费者、社区和环境的责任”。[②] 由于背景及研究视角不同，导致对 CSR 的概念界定自然不同。不仅是国内，国外也存在类似现象。加里加和梅莱（Garriga and Melé，2004）指出，在过去的数十年中，虽然 CSR 研究得到了广泛的开展，但其定义并没有因此变得清晰，混乱的局面并没有改观。此外，一些地方政府、行业机构也陆续推出了地方标准和行业标准。这些标准的实施为企业履行社会责任提供了指南，但由于标准不一致，也确实造成了一些混乱现象。为改变这种混乱局面，国家标准化管理委员会在 2012 年启动了社会责任系列国家标准制定程序，并于 2015 年 6 月，联合国家质量监督检验检疫总局发布了社会责任系列国家标准，包括《社会责任指南》《社会责任报告编写指南》《社会责任绩效分类指引》，将社会责任定义为“组织通过透明和合乎道德的行为为其决策和活动对社会和环境的影响而担当的责任”。[③] 企业的道德准则和行为是建立和维持富有成效的组织之间关系的根本，是社会公平运营的基础。该标准是中国社会责任领域第一份国家层面的标准性文件，其发布具有历史性意义，有助于统一各类组织、机构对社会责任的认识和理解，改变以往国内组织或机构依据不同标准履行社会责任的混乱局面，为企业履行社会责任提供了系统、全面的指导，将对提升社会责任水平起到重要作用。

从国内外学者、相关机构等对 CSR 的解释可以看出，针对 CSR 学术

---

① 深圳证券交易所：《上市公司社会责任指引》（2006），中国证券监督管理委员会网站，2006 年 9 月 25 日。

② 《商业价值》杂志：《CSR 竞争力——做最适合自己的企业社会责任》，科学出版社 2012 年版。

③ 郝琴：《社会责任国家标准解读》，中国经济出版社 2015 年版。

界还没有统一的定义。对 CSR 的理解变化反映了公众认知水平以及价值标准的变化，其内涵的多样性和包容性也说明了公众对企业使命的认知由狭隘走向全面。无论对于 CSR 概念的界定如何演变，这些众说纷纭的概念都包含着一致的内涵，即企业不能将利润最大化作为唯一目的，作为社会重要组成部分，除了满足股东与投资者利益以外，要最大限度地维护和增进社会利益。同时，企业履行社会责任也不是牺牲某一方的利益，而是追求各利益相关者的共同利益。

2.3　企业社会责任的理论与发展脉络

2.3.1　CSR 的相关理论

第二次世界大战以来，许多学者从不同视角来研究 CSR 的相关问题。与 CSR 相关的理论主要有以下几种：

一是利益相关者理论。弗里曼（1984）提出的利益相关者理论为 CSR 的研究提供了新的视角，之后利益相关者、利益相关者理论等术语开始被广泛使用。科奈尔和夏皮罗（1987）基于利益相关者理论分析企业社会关系的架构，其核心观点是任何一家企业都有诸多利益相关者，如股东、员工、消费者、政府、社区等，企业的生存与发展取决于其能否有效与各利益相关者进行沟通并处理好关系，而股东只是其中之一。换言之，企业除满足股东的需求外，还需要满足其他利益相关者的需求。伍德（Wood，1991）强调，利益相关者通过描绘企业在社会责任中所要考虑的个人或群体，从而使社会责任人格化。波斯特等（Post et al.，2002）指出，企业涉及的利益相关者自愿或者非自愿地受益于企业创造的价值或财富，因此利益相关者可能会有收获但也有可能面临不确定的损失。也有观点认为企业涉及的利益相关者不是完全意义上的平等关系，可按照与企业关系将其划分为主要利益相关者和次要利益相关者（Clarkson，1995）。前者是指对企业运营起决定性的群体，主要包括股东、消费者、供应商和员工；后者是指影响企业运营并受企业影响的群体，主要包括政府、社区和当地居民。利益相关者理论的演进，使得企业明确了责任的对象。他所提到的股东、消费者、员工和供应商等主要利益相关者，以及政府、社区、当地居民和媒体等次要利益相关者，包括环境等受到企业运营活动直接或间接影响的客体，均是企业要考虑的利益范围。此外，布伦特兰委员会（Brundtland Commission）在联合国大会上发表的《我们共同的未来》清楚地表述了一个特殊的利益相关者群体：后代人利益相关者。在弗里曼（1984）、米切尔等（Mitchell et al.，1997）等学者的研究成果基础上，利益相关者理论的分析框架和研究方法逐步成形，并明确了企业对界定清晰的利益相关者承担的责任。从利益相关者来看，CSR 的发展已经不再是自身的事情，CSR 的边界随着时代的变迁被逐渐扩大。企业在实现可持续发展过程中受到越来越多利益相关者的约束和监督，这说明企业履行社会责任不仅仅是自身的事情，而是涉及多方利益相关者。还有研究表明，企业在可持续发展方面的行为，越来越多地受到供应链合作企业的监督和约束（Urbaniak，2015）。这反映了供应链中企业的行为不再是单一企业的事情，而有可能对供应链上其他企业造成影响。这意味着企业要考虑包括投资者、消费者、员工、政府、社区、当地居民、供应链合作伙伴等所有责任对象的需求。又如布莱克和黑特尔（Black and Härtel，2004）主张的 CSR 是企业通过识别与承担对利益相关者固有的责任，以便企业适应复杂多变的社会环境。因此，企业不能只追求股东利益最大化，还需要协调和平衡股东以外利益相关者的利益。对于企业而言，保持利益相关者之间的公平公正，权衡各利益相关者的利益需求，有利于提高企业的整体运行效率。哈伊博尔（Hayibor，2017）从公平视角对利益相关者理论进行了论证，主张针对利益相关者的公平敏感度能够缓和他们对企业公平或者不公平的反应，也对他们支持或者反对企业的倾向产生直接影响。因此，企业在承认并尊重利益相关者之间的差异的基础上，积极营造利益相关者的公平感，以避免刺激利益相关者对企业采取不利行为。

二是可持续发展理论。可持续发展概念在 20 世纪 80 年代后期开始广泛使用。世界环境与发展委员会探讨了人类面临的一系列经济、社会和环境问题之后，为提高各国政府、企业界以及研究机构等对环境与发展的认识水平（World Commission on Environment and Development，1987），在《我们共同的未来》报告中提出了“可持续发展”的概念，并将其定义为“既满足当代人的需要，又不对后代人满足其需要的能力构成危害的发展。”从广义上可理解为，在充分考虑时间和空间状态基础上实现经济、环境、社会的持续协调发展；从狭义上理解，可以看作是以最少的资源和最小的环境代价获取最大的经济效益。1992 年，在巴西里约热内卢召开的联合国环境与发展大会上，可持续发展得到与会者共识与认可，在环境保护与可持续发展进程上迈出了重要的一步。为了人类社会的可持续发展，必须在经济发展和社会可持续发展之间寻找平衡点，必须为当代人和下代人的利益改变经济发展模式，这就需要企业界能够积极承担环境责任，为实现此目标做出应有的贡献。对于企业而言，要实现自身的发展，不能仅仅追求利润，长久的利益和发展须通过负责任的行为才能实现。

三是三重底线理论。1997 年，英国 SustainAbility 公司总裁埃尔金顿（Elkington）提出了“三重底线”的概念后，基于该概念的分析框架开始为人们所重视。他认为就责任领域而言，CSR 可以分为三种责任，即经济责任、环境责任和社会责任。经济责任主要是提高企业利润以及对股东投资者分红方面的责任；环境责任就是环境保护方面的责任；社会责任就是对社会其他利益相关者实施的责任。埃尔金顿（1999）还指出，企业的可持续发展要做到经济责任、环境责任和社会责任三者的有机结合。“三重底线”不仅用经济、环境和社会维度去衡量和披露企业的业绩，它还包括了一系列的价值观，企业需要分析其运营过程中给社会带来的负面影响，同时创造经济价值和社会价值。其深层次内涵是企业为寻求可持续发展，在运营过程中不能只追求单一的经济效益，还有必要追求环境效益和社会效益，将经济效益、环境效益和社会效益同时作为企业运营和发展的基本底线，如果超出这三条底线范畴，企业有可能失去可持续发展的根基。

四是企业公民理论。伴随着 CSR 与可持续发展理念成为全球范围内的主流思潮，“企业公民”一词日益流行，对企业产生了重要的影响。有学者分别从不同视角定义了企业公民的内涵。沃多克和史密斯（Waddock and Smith，2000）认为优良的企业公民是能与利益相关者建立良好关系的公民，他们提出的内涵更多体现的是企业与利益相关者之间的关系。伯奇（Birch，2001）提出的企业公民概念中认为，企业是社会的组成部分，承担社会责任是其一项重要事务。企业公民理论认为企业与自然人一样也是公民，既是获取利润的组织，也是承担社会责任的主体。企业必须正确处理企业利益与社会利益的关系，实现企业和高度社会责任感的结合。换言之，社会赋予企业独立享有的权利并保障企业的合法利益的同时，企业也需要遵守义务。企业要考虑与社会之间的关系，因此企业需要注意经营活动过程中有可能对社会产生的影响，并针对相关问题提出解决方案。社会赋予企业生存的权利，为企业提供各种资源，企业也需要履行相应的责任，成为一个良好的社会公民。进入21世纪，企业公民的理论得到进一步发展。从发展上来看，一方面，企业公民将社会责任从一种自愿行为发展为作为公民对社会的义务；另一方面，企业作为一个社会个体，与其他利益相关者相互依存，共同面对社会并负有相应责任。世界经济论坛（2012）发布的报告也显示履行企业公民责任的中国企业在增加，并指出中国企业在开拓海外市场的过程中，在履行企业公民责任时为当地创造了大量就业机会，并对当地的经济增长做出了贡献。如今，企业公民不仅是一个研究课题，也逐渐成为一种全球性的社会运动，它将企业经济行为与社会信任相结合，并服务于两者之间的利益。

2.3.2　CSR研究的发展

CSR研究的发展，大致可分为以下五个阶段。

第一阶段是20世纪70年代前的争论。这一阶段对于CSR的研究主要围绕企业是否应当承担社会责任和CSR概念展开了激烈争论，该阶段并没有对CSR测量开展广泛的研究。

第二阶段是20世纪70年代的概念发展。这一阶段主要从“企业是否承担社会责任”转变为“企业需要承担哪些社会责任”进行讨论，其中，最具代表性的是卡罗尔（1979）构建的“经济责任、法律责任、伦理责任和自由裁定责任”CSR“金字塔”模型，明确提出了企业需要承担社会责任的领域，之后将“自由裁定的责任”改为“慈善责任”（Carroll，1991），得到学术界的广泛认可和流传。

第三阶段是20世纪80年代的实证研究发展。这一阶段则聚焦于CSR工具理论的发展，CSR测量研究在该阶段得到了升华。学者逐步关注

CSR 的实证研究，如奥博勒等（Aupperle et al.，1985）开发了理论模型用于测量 CSR 的经济效益，以此评价社会责任与企业绩效之间的关系，在理论与实践进行了深入的探究。

第四阶段是 20 世纪 90 年代的研究范围扩展。这一阶段的 CSR 研究因利益相关者理论、可持续发展理论、三重底线理论、企业公民理论等理论的出现扩大了研究范围，为企业明确责任对象以及测量内容提供了相关理论依据。如克拉克森（1995）将利益相关者概念引入 CSR 的研究，并将利益相关者区分为主要利益相关者和次要利益相关者，使 CSR 明确了责任的对象；又如唐纳森和普雷斯顿（Donaldson and Preston，1995）基于利益相关者视角，提出了 CSR 测量应评价股东、雇员消费者、政府和社区五个维度，这一阶段一系列理论的发展使 CSR 得到了进一步的研究，理论研究和实践应用得到了不断的发展和完善。

第五阶段是 21 世纪以来的多元发展。这一阶段学术界更多地关注 CSR 管理的应用。学者对于 CSR 的测量也更加多样化，众多研究针对不同性质、不同行业、不同规模或基于不同视角开发了相应的 CSR 测量工具，与此同时，相关机构和学者也为 CSR 测量和评价做出了诸多贡献。

纵观 CSR 概念的提出以及发展，再到一系列理论的提出，其演进从 CSR 概念内涵的认可（Carroll，1979）到 CSR 嵌入企业运营（Porter，1980）、CSR 的测量（Arlow，1991）以及 CSR 理论的发展（Wartick and Cochran，1985），紧接着研究范围的扩展（Clarkson，1995），再到战略性 CSR 的实施（Porter and Kramer，2002），再发展到 CSR 管理的应用（Davis and MacDonald，2010）。从其发展经历可以判断，从理论研究转向实践发展是一种趋势，而对 CSR 绩效以及信息披露进行评价则是这种趋势的主要体现。同时，CSR 研究的发展是从单一的重视经济效益、重视环境保护或重视社会的发展理念转向为促进经济、环境和社会的可持续发展理念的过程。包括国内外政府、相关机构等发布的有关 CSR 指南或标准，如 ISO 26000《社会责任指南》、GRI 指南等旨在帮助企业改善与利益相关者的沟通，提升 CSR 管理的水平。可以看出，国内外的相关机构以及学者在 CSR 方面做了深入地研究，引导 CSR 从理论研究向实践应用发展，已经形成较为完整的理论基础与研究体系。

第3章　企业社会责任信息披露制度与研究评述

3.1　企业社会责任信息披露的产生与发展

3.1.1　利益相关者对 CSR 信息披露的需求

自 CSR 运动在全球兴起以来，国内外诸多学者在关注企业履行社会责任行为的同时，还聚焦信息披露领域。所谓 CSR 信息就是有关企业涉及社会责任方面的信息。信息的披露，通常认为是企业向各利益相关者传递其运营过程中对经济、环境和社会影响的行为过程。披露信息的目的是通过此举获得外部利益相关者的支持，以便获得竞争优势。有关外部利益相关者的需求，则来自多方面。齐丽云和郭亚楠（2017）指出外部利益相关者对 CSR 信息的需求包括五类群体：其一，投资者的需求，近年来随着“CSR 投资”兴起，投资者对 CSR 的关注以及信息需求也在不断增长，根据这些信息来进行决策和维护自己的利益；其二，消费者的需求，随着消费者责任意识的增强，使其不仅仅关注企业的产品和服务，还关注企业运营过程中对社会的可持续发展造成的影响；其三，非政府组织的需求，随着非政府组织对环境的关注度不断提升，其对企业的行为监督力度也在加大，因此其对企业的信息披露有广泛的需求；其四，政府机构的需求，政府在引导和监督企业履行社会责任过程中需要相关信息提供支撑，因此政府要求企业进行社会责任信息披露，并据此对企业行为进行约束；其五，供应链合作企业的需求，由于供应链中企业的行为有可能对供应链中每个企业造成影响，因此越来越多的企业尤其是大型企业会对供应链上其他企业的行为进行约束和监督，要求企业提供社会责任信息。本书认为，除了上述五类群体对 CSR 信息有需求以外，还包括证券交易所的需求。近年来，上海证券交易所、深圳证券交易所、香港联合交易所依次出台了相关上市公司必须发布社会责任报告的规定，要求企业披露社会责任信息。

当前，积极履行社会责任并披露相关信息已成为世界主要国家和地区企业的主流趋势。根据毕马威（KPMG，2017）针对数十个国家和地区各自的百强企业履行并报告社会责任状况进行调查显示，被调查百强企业的报告率从 2005 年稳步提升达到 41%，2008 年达到 53%，2011 达到 64%，2013 年达到 71%。2017 年 49 个国家和地区百强企业的报告率为 75%，比 2015 年的 73% 又提高了 2 个百分点。该报告还显示，在以往 2011 年、2013 年、2015 年、2017 年的 4 个年度调查中，被调查世界 250 强企业的报告率分别为 95%、93%、92%、93%，一直稳定在 92% ~95%。

3.1.2　CSR 信息披露的历史溯源

关于 CSR 信息的发展和研究，在各国政府的法律法规及学术界的诸多有益探索的推动下，企业披露相关信息卓有成效。以下就国内外有关CSR信息披露进行探讨，阐述有关CSR信息披露的历史溯源。纵观CSR信息的发展历程，大致可以分为以下三个阶段。

（1）初期阶段。随着工业化革命以及跨国公司大并购浪潮，企业的社会影响力也越来越大。企业在追求利润的同时，还被要求承担更多社会责任。同时，企业不仅意识到只追求利润不一定能给企业带来长久的发展，而且逐渐意识到了社会责任的意义。企业需要履行的责任，被最常提及的当属卡罗尔（1991）的CSR“金字塔”模型所包含的经济责任、法律责任、伦理责任和慈善责任。而慈善事业在CSR领域最先发展起来。20世纪20年代，美国企业通过开展捐款等慈善活动在美国国内引起了巨大反响。这一时期，美国企业开始意识到自身作为社会组成部分，因此，开始披露社会责任信息，但当时还没有形成专门的报告，与如今通过环境报告、企业公民报告、社会责任报告、可持续发展报告、环境社会及管治报告等报告为载体定期发布不同，仅仅是在年报中进行附带性披露。

（2）发展阶段。20世纪50年代之后，西方主要国家在发展经济的同时，重大环境污染事件等频繁发生，导致企业不仅受到社会舆论的抨击，还遭到当地居民的反对。一些学者和组织逐渐关注环境保护并呼吁治理环境污染问题。与此同时，西方国家及国际组织都不同程度地要求企业积极承担社会责任并披露信息。受到外部利益相关者压力的推动，企业逐步披露环境信息等涉及社会责任的领域，后来演变为环境报告，成为CSR报告的起源。

1972年6月，为保护和改善环境，在瑞典斯德哥尔摩召开了由联合国机构和国际组织代表等参加讨论当代环境问题的第一次国际会议“人类环境会议”，并由各国签署了《联合国人类环境会议宣言》，旨在呼吁各国政府和民众为维护和改善人类环境而共同努力（UN，1972）。环境问题开始成为各国媒体、社会团体关注的焦点。此后，环境保护在世界各国尤其是西方工业国家迅速发展，西方主要国家陆续颁布和修订了多项法律法规。20 世纪 90 年代，各国政府陆续颁布法律法规要求企业披露环境信息，包括 1992 年欧洲联盟发布的“关于环境第五次行动计划”、1999 年澳大利亚推出的《环境保护和生物多样性法案》等（许家林和徐荣，2011）。在各国政府出台法律法规监管下，企业也开始主动公开环境信息，发布环境报告。张维迎和柯荣住（2002）就曾指出，政府对企业施加的压力越大，其环境信息披露水平也越高。除了来自政府的压力因素外，当时一些机构发布的一系列有关环境信息披露标准，使企业披露环境信息有了依据，推动了环境报告的发展。据商道纵横（2015）所述，1989 年挪威的 Norsk Hydyo 公司发布了全球首份环境报告书。此后，越来越多的企业开始发布环境报告。

环境报告是 CSR 报告出现之前，比较成熟的 CSR 相关报告。与年报中附带披露企业履行社会责任的信息不同，环境报告不再是简单的披露环境信息，其内容更详细，部分报告还涉及了许多非财务信息。但作为聚焦环境信息的报告，环境报告的问题在于披露范围相对狭窄，环境层面只是社会责任的一部分。环境报告后来扩展到“健康、安全与环境报告”，将员工健康和安全生产等问题纳入进来，环境报告的披露范围扩展到员工健康、安全生产等社会责任领域。1996 年，ISO 发布了《石油和天然气工业健康、安全与环境管理体系》，该管理体系要求对危害员工健康、公众安全和环境的隐患进行风险管理，其特点是全员参与、持续改进的管理理念，得到了石油、天然气行业的认可。由此看出，企业已经认识到企业运营对生态环境和员工健康造成的影响，以及生产过程中存在的安全问题。2001 年，中国石油天然气股份有限公司发布了本土企业第一份“健康安全环境报告”。此报告涵盖 CSR 领域，相比环境报告虽有所扩张，但是对于更广大的利益相关者来说，披露的信息还是不够全面。这一时期呈现出由涉及环境信息的环境报告向综合性的 CSR 报告发展的趋势。

（3）成熟阶段。进入 21 世纪，公众更加关注 CSR 的议题，提出诉求促使企业披露更多社会责任信息。此时，环境报告等单一主题报告已经不能满足利益相关者的信息需求，促使一种在内容上更全面地反映企业履行社会责任情况的报告形式产生，即 CSR 报告。相对财务报告而言，CSR 报告面向较广泛的读者，包括除了投资者外，亦包括消费者、员工、当地社区等所有的利益相关团体。在我国，CSR 信息主要以报告为载体进行披露。伴随着企业对社会责任的认知以及在政府一系列政策的引导下，编制与发布报告已经成为社会责任信息披露中的重要手段之一。毋庸置疑，强化企业与利益相关者之间的对话，是 CSR 报告的意义所在。

本书认为，CSR 报告的主要意义有以下三点：其一，CSR 报告作为非财务信息报告，可以弥补财务报告以外的非财务信息公开，有助于包括股东、投资者、员工、消费者、政府、当地居民等利益相关者了解并客观评价企业；其二，CSR 报告编报过程中，企业通过梳理已履行的社会责任行为，为企业提供具有战略价值的信息，同时，发现自身存在的缺陷，有助于企业寻找改进的途径，且编报中需要企业内部多部门合作，这有助于发现企业内部的沟通问题；其三，CSR 报告作为协调企业与利益相关者关系的重要手段，通过编制与发布报告可以改善与利益相关者的关系，同时，CSR 报告也是衔接企业和利益相关者沟通的重要工具，一方面可以向各方传递企业负责任的态度以达到降低企业运营风险，另一方面可以向各方传递企业的正面形象以达到提升企业声誉等效果。

这一时期许多国际组织相继推出了CSR报告编报标准或指南，成为编制CSR报告并提高报告质量的有力依据。GRI在2000年首次发布了《可持续发展报告指南》，旨在将可持续发展报告这一形式在全球范围推广应用。此后，GRI不断完善《可持续发展报告指南》，依据“三重底线”框架，即经济底线、环境底线和社会底线，指导企业从经济、环境和社会三个层面编制CSR报告。这一时期，企业也开始按照这一框架从上述三个层面来编制报告，报告内容也由环境报告中的单一环境信息，转变为披露纳税、环境保护以及社会贡献等社会责任相关信息。其他国际组织也陆续发布了与CSR报告相关的编制标准，如英国社会与伦理责任研究所（Institute for Social and Ethical Account Ability，ISEA）制定的AA 1000标准；国际石油行业环境保护协会（The International Petroleum Industry Environmental Conservation Association，IPIECA）推出的《石油与天然气行业可持续发展报告指南》；2000年联合国总部正式启动的“全球契约”计划中提出的“联合国全球契约十项原则”；2010年ISO公布的ISO 26000《社会责任指南》；2015年联合国193个成员国正式通过17个可持续发展目标的“联合国可持续发展目标”（Sustainable Development Goals，SDGs）。这些标准或指南为企业编制报告创造了有利条件，大力推动了全球范围内此类报告的发展。

国内较早发布关于CSR信息披露指南是2006年由商务部牵头制定的《中国公司责任报告编制大纲（草案）》。随后，深圳证券交易所、上海证券交易所陆续发布了旨在规范CSR报告内容与格式的指南或指引。国内研究机构及相关部门发布的CSR信息披露标准或准则，也为企业提供了更为细致的参考范围。沈洪涛和金婷婷（2006）曾指出，随着信息披露规定的陆续出台，将有力推动上市公司社会责任信息披露的发展。可以看出，政府和监管机构、行业协会等在积极推动企业编报此类报告，将报告或至少与报告相关的信息披露作为强制性或半强制性要求。即使是企业自愿性的披露，由于是政府和监管机构等提出的要求，纵然法律法规很难对各项 CSR 信息披露都做出比较详细的规定，其披露的质量难以保证，还是会对诸多企业产生深远的影响。同时，对于刚开始编制报告的企业而言，很多时候对报告是了解甚少，它们亟须外界力量的支持，而可供企业参考的标准或指南则为此类企业提供了智力支撑。换言之，首次发布报告的企业可以从简单做起，逐步完善，实现专业化。

随着利益相关者对企业的透明度要求不断提高，越来越多的企业开始编制 CSR 报告，以披露其在治理、经济、环境和社会方面的非财务信息，作为对财务信息的有益补充。由于财务报告和 CSR 报告各自独立，无法完整展现企业的整体状况，于是，一些企业开始将财务信息与非财务信息结合起来，也就是将涉及财务信息的财务报告与非财务信息的 CSR 报告进行整合，组成综合报告（integrated reporting）进行发布。综合报告并不是简单将两份报告合并发布，它从企业全局和更加可持续的视角出发，提出了整合财务信息和非财务信息的思路，如张正勇（2016）所述："综合报告要求企业将财务、环境、社会和企业治理业绩等信息的报告体系进行整合……但综合报告与企业处于特定目的而发布 CSR 报告是不矛盾的。"① 综上所述，CSR 信息披露的发展经历了初期、发展、成熟三个阶段，企业在发展过程中认识到综合信息披露的重要性，从年报中附带性披露企业履行社会责任的信息，到环境报告，再发展成为综合性 CSR 报告。

① 张正勇：《企业社会责任报告决策价值研究——基于呈报格式和使用者认知的视角》，西南财经大学出版社 2016 年版。

3.2　企业社会责任信息披露的相关政策

3.2.1　相关政策介绍

随着企业规模的扩大或经营范围的变更，外部利益相关者的种类或对象也随着变化。不同的外部利益相关者对企业的影响力大小也存在差异。譬如，来自政府的影响力相对其他利益相关者而言要高。政府作为较有权威影响力的利益相关者，相对而言，其要求会受到企业重视，政府对企业履行社会责任以及披露社会信息的情况投入越多关注，企业就越积极履行社会责任和披露社会责任信息，换言之，政府规定得越清晰越详细，企业信息披露的质量也会越高。

从 20 世纪 90 年代开始，国外涌现出各类报告编制指南或标准，对推动企业履行社会责任、发布报告起到了重要作用，世界各国和地区的经验都显示了监管角色的重要性。同一时期，国内也通过相关法律法规，推动企业履行社会责任。1993 年 10 月起施行的《中华人民共和国红十字会法》、1998 年 10 月起施行的《社会团体登记管理条例》、1999 年 9 月起施行的《中华人民共和国公益事业捐赠法》等法律法规都鼓励企业捐赠财产，促进企业参与公益事业。随着企业对社会影响力的不断增强，其承担相应的责任也引发社会的高度关注。进入 21 世纪，中央部委、地方政府及相关机构更加关注 CSR 的发展和信息披露，出台了一系列的法律法规、规范或准则积极推动、鼓励企业自愿披露信息甚至强制要求企业披露信息。政府通过严格立法形成一定压力对企业行为进行规制，这对企业履行社会责任与披露信息产生了相当的压力。面对高度关注 CSR

履行的众多利益相关者，这一压力促使企业履行社会责任，并披露 CSR 信息。随着外部压力的增加，在政府部门和证券交易所等引导下，越来越多的企业开始发布 CSR 报告来披露信息，以满足利益相关者的诉求（见表 3 -1）。

表 3 -1　国内 CSR 相关政策文件（部分列举）

分类	机构	时间	政策文件
证券交易所	深圳证券交易所	2006 年 9 月	《上市公司社会责任指引》
		2015 年 3 月	《主板上市公司规范运作指引》
	上海证券交易所	2008 年 5 月	《上市公司环境信息披露指引》
	香港联合交易所	2012 年 12 月	《环境、社会及管治报告指引》
		2015 年 12 月	《环境、社会及管治报告指引（修订）》
中央职能部门与行业监管机构	环境保护部（2008 年前为国家环境保护总局）	2007 年 2 月	《环境信息公开办法（试行）》
		2010 年 9 月	《上市公司环境信息披露指南（征求意见稿）》
	国务院国有资产监督管理委员会	2007 年 12 月	《关于中央企业履行社会责任的指导意见》
	中国银行业监督管理委员会	2007 年 12 月	《关于加强银行业金融机构社会责任的意见》
	中国保险监督管理委员会	2010 年 4 月	《保险公司信息披露管理办法》
	中国国家认证认可监督管理委员会	2012 年 6 月	《认证机构履行社会责任指导意见》
	商务部、环境保护部	2013 年 2 月	《对外投资合作环境保护指南》
	环境保护部	2014 年 12 月	《企业事业单位环境信息公开办法》
地方行业监管机构	上海银监局	2007 年 4 月	《上海银行业金融机构企业社会责任指引》
	山西银监局	2007 年 10 月	《山西银行业金融机构履行社会责任指导意见》
	福建证监局	2008 年 3 月	《福建上市公司、证券期货经营机构、证券期货服务机构社会责任指引》

续表

分类	机构	时间	政策文件
地方政府	深圳市委、深圳市人民政府	2007 年 5 月	《中共深圳市委、深圳市人民政府关于进一步推进企业履行社会责任的意见》
	浦东新区	2007 年 7 月	《浦东新区推进企业履行社会责任的若干意见》
		2007 年 7 月	《浦东新区推进建立企业社会责任体系三年行动纲要（2007—2009）》
		2011 年 6 月	《浦东新区推进建立企业社会责任体系三年行动纲要（2011—2013）》
	浙江省人民政府	2008 年 2 月	《浙江省人民政府关于推动企业积极履行社会责任的若干意见》
	江苏省无锡新区	2008 年 7 月	《无锡市人民政府新区管理委员会关于推进企业履行社会责任的若干意见》
	石家庄市人民政府	2009 年 1 月	《石家庄市人民政府关于促进企业履行社会责任的指导意见（试行）》
	杭州市委、杭州市人民政府	2009 年 3 月	《中共杭州市委、杭州市人民政府关于加强企业社会责任建设的意见》
	陕西省人民政府	2009 年 12 月	《陕西省工业企业社会责任指南》
	长沙市人民政府办公厅	2012 年 11 月	《长沙市人民政府办公厅关于加强企业社会责任建设的意见》
	江苏省经济和信息化委员会	2017 年 3 月	《江苏省企业社会责任评价基本指南》
行业协会等	中国纺织工业联合会	2005 年 6 月	《CSC 9000T 中国纺织企业社会责任管理体系总则及细则》（2005 年版）
		2008 年 6 月	《CSC 9000T 中国纺织服装企业社会责任管理体系总则及细则》（2008 年版）
		2017 年 12 月	《CSC 9000T 中国纺织服装企业社会责任管理体系》（2018 年版）
	中国工业经济联合会等	2008 年 4 月	《中国工业企业及工业协会社会责任指南》
		2010 年 5 月	《中国工业企业及工业协会社会责任指南》（第二版）
		2013 年 5 月	《中国工业企业社会责任评价指标体系（试行）》

续表

分类	机构	时间	政策文件
行业协会等	中国银行业协会	2009年1月	《中国银行业金融机构企业社会责任指引》
	中国林产工业协会	2011年7月	《中国林产工业协会企业社会责任报告编制指南（试行)》
		2017年8月	《中国林产工业协会企业社会责任报告编写指南（团体标准)》
	中国电子工业标准化技术协会	2012年12月	《中国电子信息行业社会责任指南》(2012年版)
		2016年3月	《电子信息行业社会责任指南》
	中小企业合作发展促进中心（中小企业全国理事会)	2013年12月	《中国中小企业社会责任指南》（第一版)
	中国皮革协会	2014年1月	《中国皮革行业社会责任指南》
	中国乳制品工业协会	2016年6月	《乳制品企业社会责任指南》
	中国医药企业管理协会	2017年9月	《中国医药企业社会责任实施指南》
	中国外商投资企业协会	2017年12月	《中国外商投资企业社会责任报告编写指南》
	中国酒业协会	2019年2月	《中国酒类企业社会责任指南》（筹备制定中)

资料来源：笔者根据各机构发布资料整理。

3.2.2 各机构的政策推动

2002年1月，中国证券监督管理委员会制定并颁布的《上市公司治理准则》第六章“利益相关者”和第七章“信息披露与透明度”中明确了上市公司应履行的社会责任行为①，并规定上市公司要“关注所在社区的福利、环境保护、公益事业等”。② 并于 2018 年 9 月公布了修订版《上市公司治理准则》③，在第八章“利益相关者、环境保护与社会责任”中提出上市公司应当尊重员工、供应商、社区等利益相关者的合法权利，并主动参与生态文明建设。2006 年 1 月开始生效的《中华人民共和国公司法》中也明确提出了企业必须要承担社会责任④。此后，中央政府及各地方政府相继出台有关 CSR 信息披露规范，鼓励或指导企业编制报告，使此类信息披露也有了政策依据。

对于上市公司来说，其监管部门发布的相关文件助推了社会责任信息披露。2006 年 9 月，深圳证券交易所发布了《上市公司社会责任指引》，将社会责任引入上市公司，助推上市公司积极履行社会责任并披露信息。2008 年 5 月，上海证券交易所也发布了类似的指导文件《上市公司环境信息披露指引》，要求企业积极承担社会责任，建议上市公司独立披露报告，并指出社会责任战略规划应当包括企业商业伦理准则、员工保障计划及职业发展支持计划、合理利用资源及有效保护环境的技术投

---

① 中国证券监督管理委员会：《上市公司治理准则》（2002），中国证券监督管理委员会网站，2002 年 1 月 7 日。

② 《上市公司治理准则》第六章第八十一条规定：“上市公司应尊重银行及其他债权人、职工、消费者、供应商、社区等利益相关者的合法权利”；第八十四条规定：“上市公司应向银行及其他债权人提供必要的信息，以便其对公司的经营状况和财务状况作出判断和进行决策”；第八十六条规定：“上市公司在保持公司持续发展、实现股东利益最大化的同时，应关注所在社区的福利、环境保护、公益事业等问题，重视公司的社会责任。”第七章第八十七条规定：“持续信息披露是上市公司的责任。上市公司应严格按照法律、法规和公司章程的规定，真实、准确、完整、及时地披露信息”；第八十九条规定，“上市公司披露的信息应当便于理解。上市公司应保证使用者能够通过经济、便捷的方式（如互联网）获得信息”。

③ 中国证券监督管理委员会：《上市公司治理准则》（2018），中国证券监督管理委员会网站，2018 年 9 月 30 日。

④ 《中华人民共和国公司法》第一章“总则”第五条规定：“公司从事经营活动，必须遵守法律、行政法规，遵守社会公德、商业道德，诚实守信，接受政府和社会公众的监督，承担社会责任。”

入及研究开发计划、社会发展资助计划等内容。2015 年 3 月，深圳证券交易所还实施了《主板上市公司规范运作指引》，旨在规范上市公司的组织和行为，以推动市场健康稳定发展。除了上述两所证券交易所以外，香港联合交易所也在 2012 年 12 月出台了《环境、社会及管治报告指引》，并于 2015 年 12 月推出了《环境、社会及管治报告指引》的修订版本，对指引的要求提升为“不遵守即解释”，从环境和社会等方面提出了信息披露要求和关键指标，指示在香港联合交易所上市公司必须基于该指引，披露相关信息。一家在上海证券交易所、深圳证券交易所或香港联合交易所上市的公司，其注册地和经营业务开展地可能不在上市地，CSR 所涵盖的对员工、消费者、环境、社区等实施的责任等则主要针对的是经营业务开展地，而对投资者的权益保护则是在资本市场体现。上述表明，上海证券交易所、深圳证券交易所及香港联合交易所已经对 CSR 报告的发布提出了要求，其所发布文件对于推动上市公司发布 CSR 报告、披露相关非财务信息起到了重要作用。自 2006 年后证券交易所的一系列举措都极大地促进了 CSR 信息披露的发展。

政府职能部门与行业监管机构也出台了相关文件，鼓励企业披露社会责任信息。2007 年 2 月，国家环境保护总局通过的《环境信息公开办法（试行）》中，明确要求企业必须公开环境信息①，并鼓励企业自愿公开其涉及的 9 项内容②。2010 年 9 月，环境保护部公开征询《上市公司环

① 《环境信息公开办法（试行）》第一章“总则”第一条规定：“企业公开环境信息，维护公民、法人和其他组织获取环境信息的权益，推动公众参与环境保护。”

② 《环境信息公开办法（试行）》第三章“企业环境信息公开”第十九条规定:“国家鼓励企业自愿公开下列企业环境信息：1. 企业环境保护方针、年度环境保护目标及成效；2. 企业年度资源消耗总量；3. 企业环保投资和环境技术开发情况；4. 企业排放污染物种类、数量、浓度和去向；5. 企业环保设施的建设和运行情况；6. 企业在生产过程中产生的废物的处理、处置情况，废弃产品的回收、综合利用情况；7. 与环保部门签订的改善环境行为的自愿协议；8. 企业履行社会责任的情况；9. 企业自愿公开的其他环境信息。”

境信息披露指南》（征求意见稿），旨在规范上市公司环境信息披露行为，引导上市公司积极履行环境方面的社会责任。2015 年 1 月 1 日开始实施新修订的《中华人民共和国环境保护法》的一个重要内容是信息公开和公众参与，规定了排放污染物的企业须建立环境保护责任制度，也明确了对企业环境信息公开的法律要求①。毫无疑问，《中华人民共和国环境保护法》会推动更大范围的企业环境信息公开，让公众更容易了解企业的环境绩效。2007 年 12 月，国资委制定《关于中央企业履行社会责任的指导意见》，指出中央企业履行社会责任的五项措施，明确了为实现企业与社会、环境的全面协调可持续发展，鼓励企业履行好社会责任并定期发布社会责任报告②。2007 年 12 月，中国银行业监督管理委员会颁布《关于加强银行业金融机构社会责任的意见》，针对企业切实履行社会责任提出三点意见："一、银行业金融机构履行社会责任是构建和谐社会的必然要求；二、履行社会责任是提升银行业金融机构竞争力的重要途径；三、切实采取措施履行社会责任。"并要求各银行业金融结构发布报告，并提出报告要阐述履行社会责任的理念，明确在相关利益者权益、环境、公共利益的保护方面的目标和措施③。2010 年以来，政府职能部门等又陆续推出相关政策。2010 年 4 月，中国保险监督管理委员会公布的《保险公司信息披露管理办法》；2012 年 6 月，中国国家认证认可监督管理委员会发布的《认证机构履行社会责任指导意见》；2013 年 2 月，商务部

---

① 《中华人民共和国环境保护法》第五章"信息公开和公众参与"第五十三条规定："公民、法人和其他组织依法享有获取环境信息、参与和监督环境保护的权利。"

② 《关于中央企业履行社会责任的指导意见》第四项"中央企业履行社会责任的主要措施（十八）建立社会责任报告制度"规定："有条件的企业要定期发布社会责任报告或可持续发展报告，公布企业履行社会责任的现状、规划和措施，完善社会责任沟通方式和对话机制，及时了解和回应利益相关者的意见建议，主动接受利益相关者和社会的监督。"

③ 《关于加强银行业金融机构社会责任的意见》规定："各银行业金融机构要结合本行（公司）实际，采取适当方式发布社会责任报告。主要银行业金融机构应定期发布社会责任年度报告。"

会同环境保护部印发的《对外投资合作环境保护指南》；2014 年 12 月，环境保护部公布的《企业事业单位环境信息公开办法》等进一步规范有关社会责任行为，引导企业积极履行社会责任并公开社会责任信息。中央政府职能部门等出台的一系列文件，对推动企业编制和发布 CSR 报告起到了至关重要的作用。

同时，地方行业监管机构也推出一系列指引、指导意见等。2007 年 4 月，中国银行业监督管理委员会上海监管局（以下简称“上海银监局”）为引导企业履行社会责任，维护股东、员工、消费者等利益相关者的合法权益，印发了《上海银行业金融机构企业社会责任指引》，规定银行业机构需要向监管部门提交社会责任报告①。2007 年 10 月，中国银行业监督管理委员会山西监管局（以下简称“山西银监局”）为鼓励和引导银行业金融机构履行社会责任，制定印发了《山西银行业金融机构履行社会责任指导意见》，并要求银行业金融机构公开披露社会责任报告②。2008 年 3 月，中国证券监督管理委员会福建监管局（以下简称“福建证监局”）为推进企业认真履行社会责任，实现自身与社会、环境的全面协调可持续发展，制定了《福建上市公司、证券期货经营机构、证券期货服务机构社会责任指引》，要求企业对股东、债权人、供应商、客户、消费者和职工的权益进行保护，并就环境保护与可持续发展，公共关系和社会公益事业，制度建设与信息披露企业履行社会责任作了详尽规定。

此外，一些地方政府也陆续发布文件，要求企业履行社会责任并积

---

① 《上海银行业金融机构企业社会责任指引》第五章“企业社会责任管理”第二十条规定：“银行业机构应于每年六月底前向监管部门提交上一年度的企业社会责任报告。”

② 《山西银行业金融机构履行社会责任指导意见》规定：“要求银行业金融机构在业务流程和管理程序中体现社会责任的管理要求，建立履行社会责任情况的评估机制，并通过网站等渠道，公开披露社会责任报告。”还规定：“要求银行业金融机构定期向监管部门提交社会责任履行情况评估报告及客户满意度报告，并于每年 6 月 30 日前向监管部门提交上一年度履行社会责任情况报告。”

极披露信息。2007 年 5 月，中共深圳市委、深圳市人民政府发布《中共深圳市委、深圳市人民政府关于进一步推进企业履行社会责任的意见》，明确了建立和完善推进企业履行社会责任的各项制度，提出建立企业披露社会责任信息机制的必要性[①]。2007 年 7 月，浦东新区发布了《浦东新区推进企业履行社会责任的若干意见》和《浦东新区推进建立企业社会责任体系三年行动纲要（2007—2009）》（浦东企业年鉴编纂委员会，2007），在推进企业更好地履行社会责任的目标和任务中，提及在规定时期力争使 300 家企业发布 CSR 报告[②]。2011 年 6 月，浦东新区又发布了《浦东新区推进建立企业社会责任体系三年行动纲要（2011—2013）》，内容显示了浦东新区在 2010 年共有 300 家企业发布了 CSR 报告，达到了《浦东新区推进建立企业社会责任体系三年行动纲要（2007—2009）》设定的目标，并重新设置了在规定时期力争使 600 家企业发布 CSR 报告的目标[③]。2008 年 2 月，浙江省人民政府发布《浙江省人民政府关于推动企业积极履行社会责任的若干意见》，就推动企业积极履行社会责任方面，针对注重守法诚信经营、注重保障员工权益、提供优质的产品和服务、注重节约资源和保护环境、注重社会公益和慈善事业方面提出了指导性

① 《关于进一步推进企业履行社会责任的意见》第三项“加强执法监督力度，建立和完善推进企业履行社会责任的各项法规制度（八）建立企业履行社会责任信息披露机制”规定：“政府及有关部门对企业履行社会责任的情况要通过一定方式向社会公布。鼓励行业组织、消费者组织及其他社会团体、新闻媒体、金融机构等根据实际情况建立企业履行社会责任信息披露机制。鼓励企业向社会发布企业社会责任报告，公布本企业履行社会责任的承诺、取得的成绩、存在的问题和改进的措施，接受社会监督。”

② 《浦东新区推进建立企业社会责任体系三年行动纲要（2007—2009）》第二项“推进目标和主要任务”提出：“通过三年的努力，力争达到各类诚信标准的示范企业 1000 家，实施企业社会责任标准企业超过 200 家，发布企业社会责任报告企业 300 家。”

③ 《浦东新区推进建立企业社会责任体系三年行动纲要（2011—2013）》第二项推进目标和主要任务提出：“通过 3 年的努力，力争使浦东新区实施企业社会责任标准企业增加 300 家，累计获评浦东新区企业社会责任达标企业达到 500 家，累计发布企业社会责任年度报告企业 600 家。”

意见。2008 年 7 月，江苏省无锡新区发布的《无锡市人民政府新区管理委员会关于推进企业履行社会责任的若干意见》中，对企业承担社会责任提出了具体要求，并要求建立信息披露制度[①]。2009 年 1 月，石家庄市人民政府发布《石家庄市人民政府关于促进企业履行社会责任的指导意见（试行）》，在促进企业履行社会责任的主要措施中明确了建立 CSR 信息披露制度的必要性[②]。2009 年 3 月，中共杭州市委、杭州市人民政府发布的《中共杭州市委、杭州市人民政府关于加强企业社会责任建设的意见》中，明确了 CSR 的建设机制，并提出需要建立企业发布 CSR 报告的制度[③]。2009 年 12 月，陕西省人民政府发布的《陕西省工业企业社会责任指南》中，明确了建立企业履行社会责任并发布社会责任报告机制[④]。2012 年 12 月，长沙市人民政府办公厅发布《长沙市人民政府办公厅关于加强企业社会责任建设的意见》，强调了加强 CSR 建设的意义、要求和基本原则，明确了诚信守法经营、坚持依法纳税、提供优质产品和服务、环境保护、发展循环经济、保障职工权益、创建和谐企业、加强劳动保护、改善劳动条件和参与公益活动等 10 个方面的内容。2017 年 3 月，江苏省经济和信息化委员会发布了《江苏省企业社会责任评价基本指南》，旨在引导企业履行社会责任，对开展 CSR 评价提供了指引。

---

① 《无锡市人民政府新区管理委员会关于推进企业履行社会责任的若干意见》第十项规定："建立新区企业社会责任信息披露机制，企业履行社会责任情况将通过一定方式向社会公布。"

② 《石家庄市人民政府关于促进企业履行社会责任的指导意见（试行）》在第四项"促进企业履行社会责任的主要措施"提出："建立企业社会责任信息披露制度。鼓励企业积极创造条件，向社会定期发布企业社会责任报告，公开本企业履行社会责任承诺，建立网上举报、通报及强行整改信息的公布制度，接受社会监督。"

③ 《关于加强企业社会责任建设的意见》第五项"加强企业社会责任建设的措施和要求"提出："要建立企业社会责任报告制度。定期发布企业社会责任报告或可持续发展报告，公布企业履行社会责任的现状、规划和措施，及时了解利益相关者的意见和建议，主动接受社会监督。"

④ 《陕西省工业企业社会责任指南》第三项"企业社会责任报告"提出："企业社会责任报告是企业可持续发展的宣言，是企业履行社会责任的展示，是企业对社会的承诺，也是利益相关方评价企业社会责任的重要依据。企业履行社会责任的内容就是企业社会责任报告的主体。"

随着中央各部委发布的有关 CSR 政策的推进，其所带来的积极效果正逐步显现，更多的地方政府也认识到鼓励企业履行社会责任对当地社会可持续发展的意义，以及引导企业利用报告与利益相关者沟通的重要性。可以看出，地方政府在推动 CSR 报告的编制和发布中也扮演着重要的角色。

与此同时，CSR 信息披露的发展离不开各界支持，其中行业协会、联合会等团体组织也起了重要的推动作用。2005 年 6 月，中国纺织工业协会推出了《CSC 9000T 中国纺织企业社会责任管理体系总则及细则》（2005 年版）①。该体系是基于国内相关法律法规和有关国际公约制定的，是国内首个行业自律性社会责任管理体系，既包括 CSR 的具体要求，又涵盖建立 CSR 管理体系的实施模式。2008 年 6 月和 2017 年 12 月又推出了第二版与第三版，即《CSC 9000T 中国纺织服装企业社会责任管理体系总则及细则》（2008 年版）、《CSC 9000T 中国纺织服装企业社会责任管理体系》（2018 年版）。其中，第三版在吸收 ISO 26000 等社会责任标准的基础上，与其他国际组织出台的标准体系的兼容和互认提供了可行性。此外，各行业陆续结合自身行业特征，推出了 CSR 的指南或标准。2008 年 4 月，中国工业经济联合会联合中国煤炭工业协会、中国机械工业联合会、中国钢铁工业协会、中国石油和化学工业联合会、中国轻工业联合会、中国纺织工业联合会、中国建筑材料联合会、中国有色金属工业协会、中国电力企业联合会、中国矿业联合会发布了 2008 版《中国工业企业及工业协会社会责任指南》，旨在从中国经济社会实际出发，推进中国工业企业和工业协会履行社会责任。2010 年 5 月，又发布了《中国工业企业及工业协会社会责任指

① CSC 9000T 的英文全称为 China Social Compliance 9000 for Textile & Apparel Industry。

南》(第二版),为工业企业编报社会责任报告提供指南。2013 年 5 月,中国工业经济联合会联合和组织各工业协会(联合会)发布了《中国工业企业社会责任评价指标体系(试行)》,旨在为反映和评价中国工业企业管理及运营对利益相关者和环境影响的效果和效率而提供指标体系。2009 年 1 月,中国银行业协会发布的《中国银行业金融机构企业社会责任指引》中,提出了银行业金融机构积极建立 CSR 披露制度的必要性,强调每年在规定期间内需向中国银行业协会提交 CSR 报告①。2011 年 7 月,中国林产工业协会发布了《中国林产工业企业社会责任报告编写指南(试行)》;2017 年 8 月,该协会又推出了修订版《中国林产工业企业社会责任报告编写指南(团体标准)》,涉及投资者责任、员工责任、公共责任、供应商社会责任、客户社会责任和生态环境责任,旨在指导和规范国内林产工业行业 CSR 报告编制和标准。2012 年 12 月,中国电子工业标准化技术协会发布的《中国电子信息行业社会责任指南》(2012 年版)中,涉及了责任治理、技术创新与应用、员工权益、安全与健康、环境保护、诚信运营、供应链管理、消费者关系、社区参与和发展 9 个核心主题,为引导电子信息行业的企业履行员工、环境和社会等社会责任行为提供了指南。2016 年 3 月,该协会还公布了《电子信息行业社会责任指南》,描述了有关 CSR 的目标、原则、实践,并在《中国电子信息行业社会责任指南》(2012 年版)9 个核心主题基础上增加了“虚拟社区管理”,共涵盖 10 个核心主题,旨在强化有关电子信息行业的社会责任标准。

---

① 《中国银行业金融机构企业社会责任指引》第五章“企业社会责任管理”第二十五条提出:“银行业金融机构应积极建立企业社会责任披露制度,原则上应于每年六月底前向中国银行业协会提交上一年度的企业社会责任报告。鼓励实施社会责任履行的第三方独立鉴证,强化全社会协调的银行业社会责任评价体系,并通过报刊、网站等渠道公开披露企业社会责任的履行情况。”

此外，2014年1月，中国皮革协会制定的《中国皮革行业社会责任指南》中，针对保障员工的合法权益，构建资源节约型、环境友好型的产业等方面提出了具体的要求。2016年6月，中国乳制品工业协会发布了《乳制品企业社会责任指南》，主要围绕组织治理、消费者关系、供应链管理、员工权益、环境保护、诚信运营、社区参与和发展的七项社会责任内容，旨在引领乳制品企业强化社会责任管理。2017年9月，中国医药企业管理协会发布《中国医药企业社会责任实施指南》，构建了治理、可持续发展、产品安全、劳工关系、EHS①、价值链生态圈、客户、人权、社会公益的九项指标体系。据李祺等（2017）所述，该指南为医药行业的CSR实施与评价提供了参考标准，也为医药行业的CSR报告编写提供了指南。2017年12月，中国外商投资企业协会发布了《中国外商投资企业社会责任报告编写指南》，旨在推进外资企业履行社会责任，同时促进更多外资企业定期、持续发布CSR报告，使其信息披露更加规范化、标准化。2019年2月，中国酒业协会团体标准审查委员会筹备制定《中国酒类企业社会责任指南》，以便为更好地引导酒类行业企业履行社会责任，保障酒类行业的可持续发展。

与此同时，相关团体组织也在力推CSR的发展。2013年12月，中小企业合作发展促进中心（中小企业全国理事会）发布了《中国中小企业社会责任指南》（第一版），以“责任管理”为纲要，提出了中小企业履行员工责任、环境责任、市场责任、社区责任的四类社会责任要求，以便促进中小企业持续改进社会责任管理。行业协会等出台的CSR体系、指南或标准，旨在鼓励行业内企业更好履行社会责

① EHS是environment（环境）、health（健康）、safety（安全）的缩写。

任，因其行业性的指向非常明确，所提及的内容通常涉及实质性议题，对相关行业解决 CSR 报告发展中的信息披露漏洞等问题进行了有益补充。

通过上述相关政策文件，有关国内 CSR 信息披露现状可以总结以下三点：第一，披露政策相对完善。在政策层面，2006 年 9 月深圳证券交易所发布的《上市公司社会责任指引》和 2008 年 5 月上海证券交易所发布的《上市公司环境信息披露指引》，以及 2007 年 2 月国家环境保护总局通过的《环境信息公开办法（试行）》、2007 年 12 月国资委制定的《关于中央企业履行社会责任的指导意见》等，说明国内在政策以及监管层面已建立了相对完善的体系。第二，地方政府、区域性监管机构等推动 CSR 信息披露。中国的 CSR 发展过程中，地方政府、区域性监管机构发挥着重要的作用。地方政府如 2007 年 7 月上海浦东新区制定的《浦东新区推进建立企业社会责任体系三年行动纲要（2007—2009）》，区域性监管机构如 2007 年 4 月上海银监局印发的《上海银行业金融机构企业社会责任指引》、2007 年 10 月山西银监局印发的《山西银行业金融机构履行社会责任指导意见》、2008 年 3 月福建证监局发布的《福建上市公司、证券期货经营机构、证券期货服务机构社会责任指引》等。第三，行业协会逐渐成为 CSR 及其信息披露标准的主要制定者。2005 年 6 月，中国纺织工业联合会制定了我国第一个行业 CSR 管理体系《CSC 9000T 中国纺织企业社会责任管理体系总则及细则》（2005 年版），2008 年 4 月，中国工业经济联合会等 11 家全国性工业协会（联合会）联合发布了《中国工业企业及工业协会社会责任指南》，其他如中国银行业协会、中国林产工业协会、中国电子工业标准化技术协会、中国皮革协会、中国乳制品工业协会等，也相继出台了推动行业社会责任指南或标准。

3.3　企业社会责任信息披露的研究成果

3.3.1　CSR信息披露动因

关于CSR信息披露的研究主题，国内外学者进行了大量的研究，以期找到促进企业更加积极披露信息的途径，进而对此提出有效的改进策略，以便进一步完善披露信息的机制，并发挥其应有的作用。为了推动信息披露发展，早在20世纪80年代，国外学者就开始对信息披露的决定因素展开了一系列研究。梅叶斯和梅吉拉夫（Myers and Majluf，1984）指出，假如企业管理层与投资者之间存在信息不对称，就会为此承担更高的融资成本。他们强调企业管理层尽可能通过披露更多信息来促进投资者对企业的了解。实际上，信息不对称现象是一种普遍且长期的经济和社会现象。要完全消除信息不对称存在相当难度，即信息不对称现象总是存在于不同的关系之间。因为企业是持有CSR信息的优势方，而外部利益相关者在CSR信息持有量上要远低于企业。这就形成了企业披露CSR信息之前，已经存在着企业与外部利益相关者之间的信息不对称。由此，最大程度降低信息不对称的程度，与外部利益相关者建立良好的信赖关系，将有可能给企业带来诸如融资方面的优势或便利。

国内学者也针对信息披露展开了一系列研究。在研究方法上，基于不同的视角探究了企业披露社会责任信息的动因。在研究内容上，如张静（2017）从宏观环境影响因素和微观环境影响因素分析了企业披露社会责任信息的动因，其中宏观环境影响因素包括政治因素和社会性因素，微观环境影响因素包括行业因素、企业规模及企业治理等因素。而齐丽云和郭亚楠（2017）围绕经济动机、外部压力、企业特征等方面与 CSR 信息披露之间的关系进行了归纳。有关 CSR 信息披露动因的研究主要有以下四个方面。

（1）外部压力方面。胡姆斯特拉（Hooghiemstra，2000）认为，CSR 信息披露是企业与外界沟通的有效手段，并构建了完善信息披露的框架。在其所构建的框架中，指出了 CSR 信息披露是手段，缓解外界公众和媒体压力是目的。澳德怀尔等（O'Dwyer et al.，2005）针对爱尔兰的企业高管进行访谈后指出，企业披露社会责任信息目的是为了缓解来自环境保护组织、当地的社区及媒体等利益相关群体的压力。伊斯兰姆和迪根（Islam and Deegan，2010）利用环境敏感型行业企业样本进行研究，发现来自企业外部利益相关群体的压力。此外，安吉拉等（Angela et al.，2010）研究结果表明不同的压力集团以及不同的国家文化，是促使企业披露社会责任信息的主要原因。可以看出，外部利益相关者对企业履行社会责任的要求和压力是促进社会责任信息披露的因素之一，其越关注企业，企业也越愿意积极披露社会责任信息。

为了缓解社会压力，特定行业对外披露信息的主动性相对较强。关于行业与 CSR 信息披露之间的关系，大部分企业披露正面信息以及难以验证其数据准确性的信息较多，而披露负面信息如资源耗费以及污染物排放等信息较少。且在不同行业中，关于环境信息披露的内容都存在一定差异。如环境污染物排放较多行业，可能面临着更多信息披露监管政策的监督制约。詹金斯和雅科夫列娃（Jenkins and Yakovleva，2006）也证实了这一观点，针对采矿行业进行研究发现，在 CSR 信息披露水平方面，环境重污染型行业要高于环境非重污染型行业。庞努和奥克斯（Ponnu and Okoth，2009）利用非洲肯尼亚上市公司所披露的社会责任信息研究显示，公司所属行业与背景的不同会导致其所披露信息存在明显差异。可以看出，不同行业由于专业性以及竞争性等程度不同，在信息披露方面有所区别。相对而言，敏感行业尤其是环境型敏感行业所受社会关注度较高，社会公众对其CSR信息披露的要求也相对较高。

（2）经济效益方面。要使企业自愿履行社会责任并积极披露信息，关键是将企业自身利益与社会公众利益由对立转化为统一，证明CSR活动不再仅仅意味着成本，至少不会损害公司盈利，而是对其提升经济效益具有正向作用。CSR信息的收集、统计、编报、披露都会产生一定的成本，外部利益相关者在接收CSR信息后，通过自身的行为有可能给企业带来收益。一般而言，基于经济效益披露社会责任信息的企业，其自愿性披露信息行为会受到对信息披露效益与成本预期的影响，只有当预期收益大于预期成本时，企业才愿意披露更多信息或更积极主动披露信息。即只有信息产生的效益大于信息的成本，信息的披露才具备经济上的合理性。反之，则不会产生或增加披露CSR信息的期望。贝凯蒂等（Becchetti et al.，2008）基于美国上市公司进行研究后发现，CSR信息披露质量与财务绩效呈现显著的正相关关系。CSR信息披露的经济效果研究主要集中在CSR信息披露与企业价值之间的关系研究。理查森和韦尔克（Richardson and Welker，2001）针对加拿大企业进行的研究表明，企业披露社会责任信息能有效降低信息不对称的程度，从而降低资本成本。希利和奎师那（Healy and Krishna，2003）认为，企业出于对融资需求的考量会提升自身信息披露的水平，以便从市场上获取融资，进而降低企业融资成本。达利瓦尔等（Dhaliwal et al.，2011）也指出，企业披露社会责任信息将降低资本成本。戈斯和罗伯茨（Goss and Roberts，2011）研究显示，企业披露社会责任信息将能以较低利率获得贷款，且贷款期限更长。此外，亚当和沙维特（Adam and Shavit，2008）指出，假如能将企业履行社会责任的状况在证券市场予以公布并按打分进行排序，会正面引导企业增加对其社会责任领域的投资。随着利益相关者对 CSR 关注度的提高，对企业也产生了更高的期待，并根据信息披露来识别企业实际行动，从而决定对待企业产品或服务的态度。众所周知，消费者是企业发展的根基，企业对消费者履行社会责任主要包括通过诚信经营、提高产品及服务质量、完善售后服务等提高消费者对企业的认可度和满意度，如森和巴塔查亚（Sen and Bhattacharya，2001）所述，这可以提高消费者对所购买产品的感知质量。也有研究指出了 CSR 信息披露能为企业带来诸如提升企业声誉等正面效应，坎贝尔（Campbell，2007）曾指出企业进行披露更多社会责任信息的行为，目的为了取得消费者的信任，以便在消费者中树立良好的企业声誉及品牌形象来促进产品销售，进而获取更高的经营业绩。

（3）企业特征方面。一般认为，运营效益越好的企业，披露 CSR 信息的积极性也越高，质量也越优越。米尔斯和加德纳（Mills and Gardner，1984）研究显示，当企业财务业绩较好时其更愿意披露 CSR 信息，以此向公众展示自己的成果，进而达到提高企业形象的目的。也有研究表明就信息披露的积极性而言，大型企业要高于中小企业。托特曼和布拉德利（Trotman and Bradley，1981）针对影响澳洲企业社会责任信息披露研究显示，规模越大的企业披露信息水平越高，并发现除企业规模以外，控制风险、管理系统与企业所披露信息呈正相关。也有研究指出，因 CSR 信息披露的成本会成为企业信息披露的制约因素，故规模较大的企业倾向于披露更多的社会责任信息，其原因之一是规模经济使大型企业披露信息成本相对较低（Lang and Lundholm，1996）。考恩等（Cowen et al.，1987）基于美国企业在年度报告中涉及社会责任披露状况的研究结果表明，企业规模以及所属行业与其所披露信息呈正相关关系。恩格和马克（Eng and Mak，2003）对新加坡上市公司的研究也发现公司规模与社会责任信息披露呈正相关。上述研究可以看出，企业规模越大，盈利能力越强，越能披露更多信息。

（4）合法性方面。国外有关CSR信息研究方面，也有诸多涉及合法性的内容。布尔（Buhr，1998）指出，当企业的公众形象与其行为不一致时，通过CSR信息披露标榜企业所做的正确事情也可以获得合法性。迪根（Deegan，2002）也认为，CSR信息披露行为可以作为企业证明自身行为合法性的一种重要战略手段。他与其他学者的研究甚至强调，影响企业的合法性的是企业的信息披露而不是企业行为的改变（Newson and Deegan，2002）。威乐尔斯和施塔登（Villers and Staden，2006）也强调，企业要继续现有的自愿披露或进行更多的自愿披露，以便企业的合法性不受到侵害。此外，马格内斯（Magness，2006）也基于合法性视角对CSR信息披露进行了研究，主张CSR信息披露具有有效消除公众对企业的误解以及改变公众对企业的认知等作用。而坎贝尔和贝克（Campbell and Beck，2004）甚至认为，在CSR信息披露研究的理论中，合法性理论的内容最为突出。合法性是关涉企业生存和发展的前提。因此，任何企业都会有意识、有计划向公众展示其合法性。随着社会各界要求企业承担相应社会责任以及进行社会责任信息披露的呼声越来越高，企业进行社会责任信息披露本身就是其获取合法性的一种行为。同时，在利益相关者对企业合法性的认知与判断尚未完全固化时，企业通过社会责任信息披露，可以影响利益相关者对企业的感受和认识。此外，企业进行此类信息披露，可以消除或减少利益相关者对企业的误解或质疑，进而树立良好的社会形象。

3.3.2　国内有关CSR信息披露的研究

与国外相比，国内关于CSR信息披露的研究相对较晚，始于20世纪

90年代。笔者截至2019年6月在“中国知网知识发现网络平台”中论文系统查询的篇名一栏输入“企业社会责任”“信息披露”，共显示了832条结果，从文献时间上看，1998年只有2篇，2006年增至26篇，到2018年达到了187篇。越来越多的国内学者基于不同的视角探究了关于CSR信息披露的研究，形成了一些有价值的研究成果。从研究内容上看，2006年以前的文献侧重于借鉴西方的研究结果，多数建立在西方学者学术研究的基础上。如刘建红和杨亚娥（2004）借鉴有关国际组织及发达国家的信息披露理论，展开了针对中国企业社会责任信息披露体制的研究。2006年后，采用实证分析展开研究的文献逐渐增多。如刘长翠和孔晓婷（2006）以沪市上市公司为研究对象，通过实证分析对社会责任会计信息披露的现状进行了总结。2007年后，学者们不仅研究信息披露的基本理论，还注重CSR实践层面，如针对信息披露影响因素的研究。赵颖和马连福（2007）指出了企业披露社会责任信息的外在驱动因素和内在影响因素。2008年开始出现了针对CSR信息披露与企业价值以及与企业绩效的相关关系的研究，如邹相煜和王一川（2008）通过实证分析，研究了CSR信息披露与企业价值的相关性。2009年开始出现了较多有关专门针对CSR信息披露质量水平的研究。如傅文清（2009）以中国上市公司为样本，对CSR信息披露水平与企业业绩之间的相关性进行了实证研究。也有如杨汉明等（2012）、蒋尧明和郑莹（2015）从“羊群效应”，即从众心理对CSR信息披露行为产生的影响进行的研究。

2009年以后CSR信息披露的研究范围更广，出现了较多基于CSR报告的研究以及针对不同行业、不同企业性质进行的研究。如崔秀梅（2009）以上海证券交易所和深圳证券交易所的346家上市公司2008年的CSR报告为依据，研究表明企业发布报告主要出于获得消费者信赖以及促进产品销售而进行的。又如何丽梅等（2010）利用 CSR 报告对企业的环境信息披露进行了分析。韩洁等（2015）以 2009～2013 年沪、深两市 A 股上市公司为样本，发现 CSR 报告的披露存在组织间模仿行为，即同一地区同一行业中有一家企业发布了 CSR 报告，会促使其他企业也进行发布。此外，刘红霞和李任斯（2015）以 2008～2012 年 A 股上市公司为研究对象，分析了 CSR 报告在企业与利益相关者之间信息不对称时发挥的作用，研究发现企业治理水平越高、规模越大的 CSR 报告披露质量越高。分行业方面的研究，如王敬勇（2010）针对煤炭行业企业社会责任信息披露状况，研究了 CSR 信息披露信号传递过程。张晓洁等（2011）以 2007～2009 年 58 家食品饮料行业上市公司为样本，研究了 CSR 信息披露与企业市场地位的相关度。张蒽（2015）指出，在不同行业企业中社会责任负面信息披露差别较大，如采掘业由于受到政治以及环境压力较大，政府监管颇为严格，故社会责任负面信息披露也相对较多。不同企业性质方面的研究，郝祖涛等（2014）通过对 30 家企业的调查研究，认为相比私营企业，国有企业进行组织内绿色行为决策时，更多的是基于生态环境和 CSR 的考量。

对 CSR 信息披露的需求，既可能是企业自身的需求，也可能是外部利益相关者的需求。CSR 信息披露是企业与各利益相关者之间进行有效沟通的方式之一，国内有关企业自愿性信息披露以及与企业特征、企业声誉、资本成本、融资约束等的相关性研究的文献也颇为丰富。如企业特征方面，朱金凤和薛惠锋（2008）利用 2006 年沪市 A 股制造业 248 家企业为样本，验证企业特征与自愿性环境信息披露之间的关系，研究结果显示企业规模、行业类型与自愿性环境信息披露呈正相关，且指出上市公司中规模较大的企业以及重污染行业的企业会披露更多的环境信息，而环境信息披露水平与公司盈利能力和财务实力并没有直接关系。

袁明智（2012）以房地产企业为研究对象，分析了企业特征与CSR信息披露之间的关系，结果发现规模越大的企业其披露信息越充分。也有国内学者就CSR信息披露与企业声誉之间的关系进行了分析。李新娥和彭华岗（2010）选取中国企业联合会和中国企业家协会发布的“2008年中国企业500强”的前100名企业为研究样本，通过实证研究发现CSR信息披露对企业声誉有显著影响，还得出CSR信息披露分数越高，该企业声誉得分越高的结论。当企业发现自愿性披露CSR信息能够对资本成本或融资约束产生积极作用时，就会产生披露信息的动力。翟华云（2010）通过对制造业上市公司的研究发现，外部融资需求越高，其披露的CSR信息质量越好，且当制造业上市公司有外部融资需求时，就愈加关注CSR信息披露的整体性质量和内容性质量。李姝等（2013）研究显示企业首次发布CSR报告能够降低权益资本成本，并指出CSR信息的披露会影响投资者的投资判断。华雯雯等（2014）利用A股上市公司2009~2012年的数据，通过分析得出了CSR报告作为信息披露体系要素，已经对企业融资约束发挥了积极作用的结论。王霞等（2014）对比研究了2009~2011年披露和未披露CSR报告的企业，发现披露CSR报告的企业真实盈余管理程度更低，结果表明通过分析CSR报告能够甄别出财务报告质量的高低，从而减低投资者筛选信息的成本。付耀珍等（2016）利用2009~2013年沪、深两市A股上市公司为样本，检验了融资约束对企业自愿性信息披露行为的影响。可以看出，企业希望通过提升CSR信息披露的质量来获取融资便利性。上述研究可以发现，企业自愿性披露CSR信息，可以获得诸如政府支持、提高企业声誉、降低融资成本，缓解外部利益者对企业的抵制以及避免可能出现的风险等效益，这些因素成了企业进行信息披露的动机。同时，企业通过披露CSR信息，有利于利益相关者客观评价企业，从而提高企业价值。

此外，通过梳理文献也发现，有关 CSR 信息披露与企业价值、财务绩效之间的相关性研究极其常见，如尹开国等（2014）以 2009 年、2010 年发布的 CSR 报告，研究了 CSR 信息与财务绩效之间的相关关系。然而，已有的研究结论并不统一，虽然有学者认为 CSR 信息披露与财务绩效或企业价值无相关性，但大多数研究结果表明，披露 CSR 信息会提升企业价值或者改进财务绩效。认为 CSR 信息披露与企业价值无相关性的研究，如陈玉清和马丽丽（2005）以我国 2000 年以前上市的所有 A 股公司作为样本，就市场对社会责任会计信息的反应进行了验证，结果显示社会责任信息与我国上市公司的价值相关性不强。又如刘冬荣等（2009）以 2007 年前在上海证券交易所上市的 115 家公司作为样本，对 CSR 信息和企业价值之间的关系进行分析，结果认为我国上市公司的社会责任信息披露与企业价值没有显著的相关性。而认为 CSR 信息披露对企业价值或财务绩效有正向作用的研究，董伊人（2010）认为，良好的 CSR 绩效的信息传递至利益相关者将有利于提升企业的市场价值，从而促进企业的可持续发展。刘茂平（2012）基于 2009 ~ 2011 年上市公司研究样本，研究发现 CSR 信息披露质量与企业经济绩效呈正相关关系，并指出积极承担社会责任不仅不会成为企业经营的压力，反而会成为企业发展的动力和源泉。陶文杰和金占明（2012）对 471 家 A 股上市公司 CSR 信息披露与财务绩效之间的关系进行了分析，发现两者存在因果关系且互相促进。张云和赵丹（2014）以披露 2011 ~ 2012 年 CSR 报告的 486 家上市公司为样本，研究结果表明，企业履行社会责任能够促进其财务业绩的提高。又如 CSR 信息披露与财务绩效之间存在的正相关、负相关和不相关关系，CSR 信息披露与财务绩效之间的关系是复杂的。也有研究报告呈现了中国企业在 CSR 信息披露中存在的问题。如黄群慧等（2017）指出，在2017年中国企业300强中，社会责任指数获得五星级的企业仅有43家，占14.7%；而社会责任指数为一星级的企业最多，有130家，占43.3%。[①] 黄速建等（2017）针对2016年中国企业200强的公众透明度研究表明，评价总分高于80分的企业数为0，200强中低于60分的企业达到153家，透明度等级为不良的企业相对较多。[②] 由此可见，企业需要按照法律法规展开经营，为其在经营过程中对经济、环境和社会产生的影响负责，保持公开透明的行为决策。

综合上述研究内容可以发现，由于国外企业履行CSR行为的时期较早。因此，国外学者在20世纪80年代开始就在CSR信息披露方面进行了系统研究，并运用计量分析等方法进行了实证研究。我国企业对CSR的认识相对于国外企业起步较晚，初期，国内对CSR的研究大多基于对国外相应研究进行引介、梳理和归纳，在研究时借鉴或直接引用国外学者的观点或研究成果。但也可以发现，进入21世纪后随着企业认识到CSR的重要性以及履行CSR行为的增加，国内学者也对CSR信息披露进行了较多的研究。从国内学者研究成果来看，国内针对CSR信息研究内容广泛，现有文献对中国CSR信息披露的研究从多个视角进行，有的以信息披露制度动因作为研究切入点，有的从信息披露影响因素视角进行研究，有的从信息披露内容界定进行研究，还有针对不同行业以及区域进行研究等。也有学者就CSR信息披露的相关研究领域存在的问题提出了见解。徐雪高等（2017）就指出，由于CSR信息披露内容没有统一规定，导致部分企业选择性披露正面影响作用的信息，以及多数学者采用计量分析方法对CSR信息披露进行研究，因而缺少案例分析来具体深入

① 黄群慧、钟宏武、张蒽、汪杰：《中国企业社会责任研究报告》（2017），社会科学文献出版社2017年版。

② 黄速建、熊梦、王晓光、肖红军：《中国企业公众透明度报告》，社会科学文献出版社2017年版。

剖析某家企业的 CSR 信息披露情况，且研究对象主要集中在上市公司而缺乏非上市公司的问题，提出今后在 CSR 信息披露研究方面的内容有待进一步丰富、研究方法有待进一步完善、研究对象有待进一步拓展的观点。总而言之，以上国内外学者针对 CSR 信息披露与企业的价值创造之间的关系研究表明，大多数学者认为 CSR 信息披露对企业的价值创造带来正面的影响。

第4章　企业社会责任的评价体系

4.1　国外有关企业社会责任体系的构建

国际上各组织推出了一系列的社会责任标准和倡议。目前，国际上对CSR提供指导较有影响力的标准和体系有劳工标准SA 8000、食品质量管理标准ISO 9000、环境标准ISO 14000，以及综合性标准如AA 1000标准、道琼斯可持续发展指数、全球契约、ISO 26000《社会责任指南》和GRI指南，其中综合性标准包含的内容较为广泛，为企业承担社会责任指明了方向和范围。以下就现有国际组织对CSR主要评价标准和体系进行概述。

4.1.1　职业安全卫生管理体系

职业安全卫生管理体系最初由英国于1996年率先推出。英国标准协会（British Standards Institution，BSI）颁布了《职业安全卫生管理体系指南》（BS 8800），其目的是支援企业建立职业安全卫生管理体系，同时对企业将职业安全卫生管理体系纳入业务管理提供指导。同年，美国工业卫生协会（American Industrial Hygiene Association，AIHA）制定了《职业安全卫生管理体系》的指导性文件。紧接着，1997年，澳大利亚与新西兰也推出了《职业健康安全管理体系原则、体系和支持技术通用指南》。20世纪90年代末，伴随着世界各国对职业健康安全方面的法律法规日趋严格，尤其对劳工安全的保护以及对工作场所和工作条件的要求日益增多。中国也紧跟国际社会，相继推出了一系列标准。在1999年10月国家经济贸易委员会办公厅颁布了《职业安全卫生管理体系试行标准》，2001年12月实施了《职业安全健康管理体系指导意见》和《职业安全健康管理体系审核规范》，在国内开展职业健康安全管理体系认证制度，其目的是使企业能够控制职业健康安全风险。

4.1.2　劳工标准体系

劳工标准体系是由社会责任国际组织（Social Accountability International，SAI）于1997年以国际劳工组织（International Labour Organization，ILO）公约等为基础制定的“SA 8000”（Social Accountability 8000 International standard）标准，是全球首个道德规范国际标准，也是世界上较早的社会责任标准之一，适用于全球各地不同行业与不同规模的企业。2001年12月发布了SA 8000标准的第一个修订版，包括了9个方面：（1）童工；（2）强迫性劳工；（3）健康与安全；（4）组织工会的自由与集体谈判的权利；（5）歧视；（6）惩戒性措施；（7）工作时间；（8）工资；（9）管理体系。主要关注的是劳工领域（见表4－1）。

表4-1 SA 8000相关规定

要素	规定
童工	企业不可使用童工或支持使用童工
强迫性劳工	企业不可使用或支持使用强制性劳工，也不得要求员工在受雇之时交纳（押金）或寄存身份证件
健康与安全	企业应考虑到产业中普遍认知和特定的危险，为员工提供安全健康的工作环境，并采取适当地措施，降低工作中的安全隐患，尽量防止意外或健康危害的发生
组织工会的自由与集体谈判的权利	企业应尊重所有员工结社自由，以及集体谈判权利
歧视	企业不能因种族、社会阶级、国籍、宗教、残疾、性别、性别取向、工会会员或政治归属而对员工在聘用、薪酬、训练机会、升职、解聘、退休等事务上有歧视行为
惩戒性措施	企业不得从事或支持体罚、精神或肉体胁迫以及言语凌辱
工作时间	企业应遵守法律及行业标准有关工作时间的规定，在任何情况下都不可经常要求员工1周工作超过48小时，员工在每周至少有1天休息时间，每周加班不得超过12个小时，且所有超时工作应付额外津贴
工资	企业应保证支付给员工的工资不低于法律或行业规定的最低标准，且足以满足员工的基本需求
管理体系	企业高层应制定有关社会责任和劳动条件的政策

资料来源：笔者根据SAI官方网站显示的“SA 8000：2001”抽取每个要素的相关规定整理。

4.1.3 ISO 9000质量管理体系

ISO 9000质量管理体系是由ISO制定的标准之一。ISO 9000质量管理体系目的是食品企业按照ISO 9000国际标准化的品质管理，从而提高产品品质，使企业增加经济效益和社会效益。ISO 9000系列标准发展历程主要有：1987年，ISO/ TC176（国际标准化组织质量管理和质量保证技术委员会）联系 53 个国家，为促进 ISO 9000 系列标准的发展，颁布了 ISO 9000 系列质量保证体系标准。1994 年，ISO 修改发布了 ISO 9000：1994 系列标准。之后，西门子、松下等世界知名跨国公司纷纷通过了 ISO 9000 认证，并要求它们的供应商也要通过认证。2000 年，ISO 再次修改发布了 ISO 9000：2000 系列标准，以便适应新时期各行业质量管理的需求。ISO 9000 不是指一个标准，而是一系列标准的统称。企业一般选用下列三个标准之一，即 ISO 9001（《质量体系设计、开发、生产、安装和服务的质量保证模式》）、ISO 9002（《质量体系生产、安装和服务的质量保证模式》）、ISO 9003（《质量体系最终检验和试验的质量保证模式》）。在 ISO 9000 系列标准中，ISO 9001 最具有基础性，其主要目的是使企业通过 ISO 9001 质量管理体系可以得到诸如改进企业绩效、吸引投资、节省资金、精简运营、鼓励内部沟通、提高客户满意度的好处，主要是帮助企业通过客户满意度的改进、员工积极性的提升来获取自身核心竞争力。

4.1.4　ISO 14000 环境管理系列标准

ISO 14000 环境管理系列标准是 ISO 继 ISO 9000 质量标准之后又推出的一个环境管理标准，由 ISO/TC3207（国际标准化组织环境管理技术委员会）于 1993 年制定的。该委员会开展环境管理系列标准的制定工作，以规划包括企业等所有组织的活动、产品和服务的环境行为，以支持全球范围的环境保护工作。该技术委员会下设六个分技术委员会（环境管理系统标准、环境审核、环境标志、环境行为评价、生命周期评估、术语和定义）和一个特别工作组（产品标准中的环境指标）。ISO 14000 是一个国际性标准，具有广泛的适用性、全员参与、灵活性、兼容性、持续改进原则等特征，对改善全世界企业和社会团体等所有组织的活动、产品和服务的环境行为具有统一标准的功能，其推行意义是企业建立环境管理体系，以减少各种企业活动所造成的环境污染以及改善环境质量，促进企业和社会的可持续发展。

4.1.5 AA 1000 系列标准

AA 1000 标准是由英国社会与伦理责任研究所（Account Ability）创立的一家非营利机构，所指定的 AA 1000 系列标准包括《AA 1000 原则标准（2008）》《AA 1000 审验标准（2008）》《AA 1000 利益相关方参与标准》，宗旨是帮助各种组织通过提高 CSR 与伦理责任的会计、审计与报告质量来更好地履行 CSR，实现可持续发展。创立成员包括毕马威（KPMG）、壳牌（Shell Group）等，它们的共同愿望是建立专业的社会审核和报告规范，以便重新获取利益相关方的信任。AA 1000 框架包含标准、指南和专业资格三个部分，其中标准部分涉及 CSR 管理中的五个阶段的标准：计划、会计、审计与报告、融合、利益相关方参与。

4.1.6 道琼斯可持续发展指数

道琼斯可持续发展指数（The Dow Jones Sustainability Indexes，DJSI）颁布于 1999 年，主要是从经济、环境和社会三个层面，以投资角度评价企业可持续发展的能力，是世界范围内最重要的有关企业的可持续发展能力评价指标体系之一。其评价体系中的数据主要来源于调查问卷（按照企业所处的行业不同而设计有所不同，发放对象主要以企业高层管理人员为主)、公司文件（包括公司发布的环境报告、企业公民报告、社会责任报告、可持续发展报告、环境社会及管治报告、年度报告等)、公共信息（媒体对公司的报道、投资机构对公司的研究报告等）与公司直接联系（前三种来源的数据相互对照，可以直接与公司联系获得必要的验证）四种方式。DJIS 还认为企业的可持续发展与企业的财务绩效之间存在着密切联系，在世界范围内追踪在可持续发展方面领先的企业，可以为投资者的可持续性投资组合提供有效参考。

4.1.7 全球契约

全球契约（global compact，GC）是由时任联合国秘书长科菲·安南于 1999 年 1 月在瑞士达沃斯举行的世界经济论坛（以研究和分析世界经济领域热点问题、推动世界经济交流合作的非官方国际性机构）年会上提出的，并于 2000 年 7 月在联合国总部正式启动并进入实施阶段。科菲·安南提出“全球契约”计划，向全世界企业领导呼吁以自主的行为，遵守商业道德、尊重人权、劳工标准和环境方面的国际公认的共同价值标准，通过实施一整套必要的社会规则，鼓励成员共同参与到减少全球化负面影响的行动中，力图建立一个推动全球范围内的经济可持续发展和社会效益共同提高的机制。据全球契约在中国设立的地区网络“全球契约中国网络”（global compact network China）关于“联合国全球契约介绍”中提及，其成员覆盖了来自 100 多个国家数以千家企业，是世界上最大的自发性企业公民行动倡议。

这些为承担社会负责的企业提供参考，同时，也为企业扩大国际知名度和建立国际联系提供契机。对于参与“全球契约”可以获得诸如体现作为负责任的企业公民的模范；与有共识的企业或组织进行交流学习；

与联合国环境规划署、联合国开发计划署等联合国各机构建立合作伙伴关系；与其他企业以及相关组织建立合作关系等好处。企业参与“全球契约”的形式各异，虽来自不同的行业和地区，但是却有共性，即它们致力于以一种负责的方式来推动企业的可持续发展以及全球经济的可持续发展。这种方式注重包括从业人员、消费者、投资者、社区等广泛的相关者的利益。成功执行“全球契约”的10项原则的关键因素主要在于：企业将这10项原则视为企业经营战略不可或缺的一部分，而不是一件附加物；企业管理层的明确承诺，并在组织中将承诺传达给每个员工，以确保这些原则得到广泛支持。“全球契约”要求各企业在各自的影响范围内遵守、支持以及实施一套在人权（涉及2项原则）、劳工标准（涉及4项原则）、环境（涉及3项原则）及反贪污（涉及1项原则）方面的共计10项基本原则（见表4－2）。

表4－2　　全球契约

方面	原则
人权	原则1：应该尊重和维护国际公认的各项人权
	原则2：绝不参与任何漠视与践踏人权的行为
劳工标准	原则3：应该维护结社自由，并承认劳资集体谈判的权利
	原则4：彻底消除各种形式的强制性劳动
劳工标准	原则5：有效废除童工制
	原则6：杜绝任何在用工与行业方面的歧视行为
环境	原则7：应对环境挑战未雨绸缪
	原则8：主动增加对环保所承担的责任
	原则9：鼓励无害环境技术的发展与推广
反贪污	原则10：应反对各种形式的贪污，包括敲诈、勒索和行贿受贿

资料来源：笔者根据全球契约中国网络整理。

4.1.8 ISO 26000《社会责任指南》

ISO 26000是ISO继推出ISO 9000和ISO 14000后制定的国际性标准，由ISO成立的社会责任工作组负责标准的起草工作，于2004年正式启动开发，经历了6年多的时间，最终在2010年11月正式出台。开发ISO 26000的目的是让使用者对社会责任有更清晰的理解，协助组织促进可持续发展，鼓励组织不仅要遵守相关法律法规，还要将社会责任纳入组织运营中。ISO明确指出ISO 26000仅在于为组织提供社会责任的基本准则以及与社会责任相关的核心主题和议题，力图将社会责任行为纳入组织运营的指南。并且ISO还明确指出ISO 26000不是社会责任管理体系标准，其目的不是为了用于认证法规。换言之，ISO 26000既不是认证标准，也不是规范。

ISO 26000的制定经历了一个复杂而漫长的历程，它由54个国家和24个国际组织共同参与制定，是迄今为止ISO单项国际标准的制定过程中周期跨度最长、参加起草工作的国家最多的标准，广泛的利益相关方参与确保了标准的合理性和权威性。ISO 26000作为全球第一个真正关于CSR的标准，首次将全球范围的CSR理念和实践进行系统总结，在全球范围内形成对CSR的共同理解。这表明了CSR越来越受国际社会的关注，在全球范围内得到越来越广泛的支持。相对于以往的社会责任标准或社会责任实践，ISO 26000的意义在于它界定了社会责任的7个核心主题：组织管理、人权、劳工实践、环境、公平运营、消费者权益保护、社区参与和发展。如表4-3所示，每个核心主题下涵盖了一系列社会责任议题，并附有相应的议题描述。由此可以发现，企业通过ISO 26000不仅可以了解社会责任的内涵，也有助于发现提升社会责任管理水平的措施，从而强化社会责任战略意识及管理能力。尽管 ISO 26000 本身并不是报告指南，但由于其覆盖社会责任内容较为广泛，部分企业将其作为编制社会责任报告的参考指南，结合 GRI 等含有指标体系的指南进行使用，以便实现更高质量的信息披露。

表 4－3　　ISO 26000《社会责任指南》

核心主题	主要议题
组织管理	有助于 CSR 管理的决策过程和结构，促进 CSR 的核心原则和实际应用
人权	（1）尽责审查；（2）人权风险状况；（3）避免同谋；（4）申诉处理；（5）歧视与弱势群体；（6）公民权利和政治权利；（7）经济、社会和文化权利；（8）劳工基本原则和权利
劳工实践	（1）就业和雇佣关系；（2）工作条件和社会保护；（3）社会对话；（4）职业健康与安全；（5）人力开发与职业培训
环境	（1）防止污染；（2）资源可持续利用；（3）减缓与适应气候变化；（4）保护环境——生物多样性与自然栖息地修复
公平运营	（1）反腐败；（2）负责任的政治参与；（3）公平竞争；（4）在价值链中倡导社会责任；（5）尊重产权
消费者权益保护	（1）公平营销、客观真实的信息和公平的合同实践；（2）消费者健康与安全保护；（3）可持续消费；（4）消费者服务、支持及投诉和纠纷处理；（5）消费者信息保护与隐私；（6）基本服务的获取；（7）教育与意识
社区参与和发展	（1）社区参与；（2）教育和文化；（3）就业机会创造和技能开发；（4）技术开发与获取；（5）财富与收入创造；（6）健康；（7）社会投资

资料来源：笔者根据 ISO 官方网站整理。

但需要指出，ISO 26000 倡导的 7 个核心主题没有涉及“经济”，尽管 ISO 也强调了组织的社会责任的目标是为社会的可持续发展做出贡献，而可持续发展包括经济、环境和社会领域，且认为经济与其他两个领域同等重要。因此，企业将 ISO 26000 倡导的 7 个核心主题落实到社会责任行动时，也需要考虑“经济”方面的责任。

4.1.9　GRI 指南

GRI 成立于 1997 年，由美国非政府组织“对环境负责经济体联盟”（Coalition for Environmentally Responsible Economies，CERES）和“联合国环境规划署”（United Nations Environment Programme，UNEP）共同发起，秘书处设在荷兰阿姆斯特丹，并在中国、美国、巴西等国家设立了办公室，旨在提供所有机构（不论规模、行业和地点）均可采用的有关经济、环境和社会业绩三个角度的报告指南，致力于建立具有规范性和广泛适用性的指导企业编报 CSR 报告的框架。该框架包含四个部分：“可持续发展报告指南”“指标规章”“技术规章”“行业附加指引”。其主要构成部分是《可持续发展报告指南》。GRI 在编制《可持续发展报告指南》的过程中，收集了包括企业、政府、学术界、投资者、从业人员等广泛的利益相关者的意见和建议，不断对《可持续发展报告指南》加以完善。《可持续发展报告指南》因具备全面性和可比性特征而成为当今指导企业编制可持续发展报告应用较为广泛的标准，为各种规模、各类行业、各个地区的组织发布可持续发展报告（即 CSR 报告）提供有效参考。GRI 是以自愿为基础的，各种类型、规模、行业和地域的企业都可以运用，且并不为组织提供编制报告的方法，而是关注报告的内容。

迄今为止，GRI 共经历了五个重要发展阶段：第一阶段，2000 年发布了第一版《可持续发展报告指南》（以下简称“G1”）；第二阶段，2002 年发布修订后的第二版《可持续发展报告指南》（以下简称“G2”），主要针对经济、环境和社会三个不同的角度；第三阶段，2006 年出版了第三版《可持续性发展报告指南》（以下简称“G3”）；第四阶段，2011 年发布了修订后的第三版《可持续性发展报告指南》（以下简称“G3.1”)；第五阶段，2013 年发布了第四版《可持续性发展报告指南》(G4)。并于 2014 年 1 月发布了《可持续发展报告指南》(G4) 中文版。从 GRI 发布的 G3、G3.1 和 G4 这三个版本指南可以发现，GRI 关注的事项逐渐趋向全面化，其涉及的内容也不断深化细化。尤其是框架中涉及有关经济、环境和社会层面的内容与时俱进，都在一定程度上阐释了各方利益相关者致力于推动 CSR 的发展。此外，GRI 在发布 G3 和 G3.1 的同时，制定了石油和天然气、建筑和房地产、采矿和冶炼、金融服务、食品加工、会议组织、电力、媒体、航空、非政府组织 (NGO) 这 10 个行业及机构的补充指南。G4 发布后，也为该 10 个行业及机构提供了具有行业适用性的补充，成为行业指南。特定行业的企业在参考 GRI 指南编制报告时，应留意与企业所属行业的补充指南配合使用，以增强报告的实质性披露水平。GRI 不断提升《可持续发展报告指南》的适用性，意图在于使其满足任何规模、任何行业、任何地区企业的需求。GRI 还宣布，自 2016 年 1 月起将不再认可基于 G3 和 G3.1 编制的报告，在此后发布的报告应当根据 G4 进行编制。如表 4-4 所示，G4 的标准披露包括一般标准披露项和具体标准披露项，它们构成了 CSR 报告的基本内容。一般标准披露项可供外界了解社会责任管理的基本情况，具体标准披露项可供外界悉知企业各指标的披露情况。如表 4-5 所示，具体标准披露项涉及经济、环境、社会三大层面，其中社会又覆盖劳工实践及尊严劳动、人权、社会和产品责任四个子层面，每个层面包含相应的具体内涵。

表 4-4　G4 的披露内容

一般标准披露项	战略与分析、组织概况、已确定的实质性方面与边界、利益相关方参与、报告概况、治理、商业伦理与诚信
具体标准披露项	管理方法披露
	经济、环境、社会的指标

资料来源：笔者根据 GRI (2013) 整理。

表 4－5　　G4 的三大层面和类别

<table>
<tr><th colspan="2">层面</th><th>类别</th></tr>
<tr><td colspan="2">经济</td><td>经济绩效、市场表现、间接经济影响、采购行为</td></tr>
<tr><td colspan="2">环境</td><td>物料、能源、水、生物多样性、废气排放、污水及废弃物、产品及服务、遵纪守法、交通运输、环境整体情况、供应商环境评估、环境问题申诉机制</td></tr>
<tr><td rowspan="4">社会</td><td>劳工实践及尊严劳动</td><td>雇佣、劳资关系、职业健康与安全、培训与教育、多元化与机会平等、男女同酬、供应商劳工实践评估、劳工问题申诉机制</td></tr>
<tr><td>人权</td><td>投资、非歧视、结社自由和集体谈判、童工、强迫与强制劳动、安保措施、原住民权利、人权评估、供应商人权评估、人权问题申诉机制</td></tr>
<tr><td>社会</td><td>当地社区、反腐败、公共政策、反竞争行为、遵纪守法、供应商社会影响评估、造成社会影响问题相关申诉机制</td></tr>
<tr><td>产品责任</td><td>客户健康与安全、产品及服务标签、市场推广、客户隐私、遵纪守法</td></tr>
</table>

资料来源：笔者根据 GRI（2013）整理。

4.2　国内有关企业社会责任体系的构建

在 2006 年之后，国内相关机构与行业协会开始探索、制定适应中国的 CSR 报告编制指南或标准。国内针对 CSR 的标准和体系有中国纺织企业社会责任管理体系，以及综合性标准如《中国企业社会责任报告编写指南》等。以下列举部分国内对 CSR 的评价标准和体系。

4.2.1　《中国公司责任报告编制大纲（草案）》

2006 年 2 月 16 日在北京召开的“企业、公司责任与软竞争力峰会”上，由商务部跨国公司研究中心、中国社会科学院世界经济与政治研究所联合制定了《中国公司责任报告编制大纲（征求意见稿）》、《中国公司责任评价办法（征求意见稿）》。两项征求意见稿所界定的企业责任体系包括股东责任、环境责任和社会责任。在国内，CSR 综合评价起始阶段，该征求意见稿具有一定的开创性，但黎友焕等（2010）指出，由于征求意见稿设置的指标体系不健全导致征求意见稿的普及度没有达到期望程度。

4.2.2 《中国企业社会责任报告编写指南》

为指导国内企业编写规范的 CSR 报告，中国社会科学院经济学部企业社会责任研究中心于 2009 年 12 月发布了《中国企业社会责任报告编写指南》（CASS-CSR1.0），构建了以责任管理、市场责任、环境责任和社会责任为主体的通用指标体系，并于 2011 年 3 月发布了《中国企业社会责任报告编写指南》（CASS-CSR2.0），以及在 2014 年 1 月又推出了《中国企业社会责任报告编写指南》（CASS-CSR3.0）（以下简称“CASS-CSR3.0”），同时发布了《中国企业社会责任报告评级标准（2014）》。在（CASS-CSR3.0）中，每个行业都有它独立的编报指南，为企业提供可操作性指引。根据《中国企业社会责任报告编写指南》China-CSR 网站数据显示，在 2016 年参照 CASS-CSR3.0 编写 CSR 报告的企业达到 320 家，为中国企业参照数量最多的本土标准。从统计数据上看，其已经逐渐被国内企业熟悉和采用。该中心的报告编写指南不断与时俱进，先后经过三次升级，2017 年 11 月，在“中国社会责任百人论坛”上发布了第四代《中国企业社会责任报告指南》（CASS-CSR4.0）（以下简称“CASS-CSR4.0”）。CASS-CSR4.0 的名称由“报告编写指南”转变为“报告指南”，其目的是整合有关报告的流程、管理和价值，使之成为全方位综合指南。钟宏武等（2018）还指出，第四代指南将有助于企业通过该指南将 CSR 融入企业的战略运营、树立 CSR 品牌效应。可以看出，第一代和第二代指南解决了在编写 CSR 报告过程中应考虑的内容和指标；第三代指南解决了 CSR 报告编写的全过程涉及的主要环节，以及在不同的环节如何开展工作；第四代指南明确了 CSR 报告包含的价值，以及企业如何更好地发挥报告价值。

4.2.3 中国纺织企业社会责任管理体系

2005 年 6 月，面对与美国、欧盟不断升级的纺织品贸易摩擦，中国纺织工业联合会推出了《CSC 9000T 中国纺织企业社会责任管理体系总则及细则》(2005 年版)，以寻求国际社会的支持与认可。推出该体系旨在提高中国纺织企业的社会责任管理、职业健康与安全管理和人力资源管理水平，提高企业核心竞争力，促进企业的可持续发展。2008 年 6 月，中国纺织工业联合会又推出了《CSC 9000T 中国纺织服装企业社会责任管理体系总则及细则》(2008 年版)，对中国纺织业中 CSR 的要求做了较全面的规定。其涉及的 12 项规定具体内容包括[①]：（1）管理体系：制定、实施、保持改进 CSR 管理体系，并提出 CSR 目标和指标；（2）歧视：禁止因民族、种族、性别、宗教信仰、残疾等原因使员工受到歧视；（3）工会组织与集体谈判权：承认并尊重员工组织和参加工会，以及进行集体谈判的权利；（4）童工与未成年工：禁止招用童工，企业招用未成年工必须符合有关要求；（5）强迫或强制劳动：禁止使用或支持使用强迫或强制劳动；（6）劳动合同：与员工建立劳动关系，应订立书面劳动合同并全面履行合同义务；（7）工作时间：应遵守国家法律、法规有关工作

① 中国纺织工业联合会：《CSC 9000T 中国纺织服装企业社会责任管理体系总则及细则》(2008 年版)，中瑞企业社会责任合作网，2014 年 7 月 1 日。

时间和休息休假的要求；（8）薪酬与福利：应保证向员工支付的工资、福利待遇不低于法律、法规的要求；（9）骚扰与虐待：应尊重和保障员工的身体与精神健康，禁止并预防骚扰与虐待行为；（10）职业健康与安全：制定职业健康与安全方针，基于 PDCA 运行模式①，建立、实施、保持并改进职业健康与安全管理体系，保障员工的健康和安全；（11）环境保护：制定环境保护方针，基于 PDCA 运行模式，建立、实施、保持并改进环境管理体系；（12）公平竞争：遵守自愿、平等、公平、诚信的原则，以及公认的商业道德。与当时面世的其他标准相比，该体系尤其强调了企业风险管理、职业健康与安全、劳动合同的签订和对女性员工的保护。中国纺织企业依照该体系，可以保障所有员工的合法权益，增强员工的积极性和工作效率，同时，使企业更好地融入国际供应链，提升中国纺织业在国际市场上的形象。中国纺织企业可以将该体系作为提升企业管理水平的工具，通过执行、检查、改正的过程，结合自身的实施情况最终设计出自己的一套 CSR 管理模式。

4.3 企业社会责任的评价方法

4.3.1 企业社会责任的维度划分

由于 CSR 的概念和内涵在国内外尚未得到统一，评价 CSR 内容的指标也有所不同。早在 20 世纪 70 年代，国外相关机构就构建了 CSR 的指标体系。如美国会计师协会（NAA）在 1974 年发表研究报告中，提出

① PDCA 分为计划（plan）、执行（do）、检查（check）和处理（action）四个阶段。

CSR 领域应涵盖人力资源开发、社区活动参与、自然资源效率及环境、产品及服务提供4个大类（National Association of Accountants，1974）。也有学者针对财富世界500强企业关于社会责任信息披露进行研究后，归纳出 CSR 应包括的6个大类，即环境、公平雇佣、员工、社区参与、产品、其他（Ernst and Ernst，1978）。2010 年出台的 ISO 26000《社会责任指南》将 CSR 划分为组织管理、人权、劳工实践、环境、公平运营、消费者权益保护、社区参与和发展7项核心主题。而 GRI（2013）将 CSR 划分为经济、环境、社会3大层面，其中社会层面又细分为劳工实践与尊严劳动、人权、社会、产品责任。综合以上有关机构对 CSR 的维度划分，ISO 26000《社会责任指南》所涉及的7个主题，则为企业主动承担社会责任指明了方向和范围。而 GRI 制定的《可持续发展报告指南》其内容涵盖了经济、环境、劳工实践与尊严劳动、人权、社会和产品责任，能够较为全面地反映 CSR 的管理水平和投入水平，也反映企业的可持续发展能力。

除上述机构以外，国内外学者从不同视角对 CSR 的维度进行了划分。如表4-6所示，国外学者针对 CSR 的维度划分研究有以下几种。托特曼和布拉德利（1981）提出，企业在披露社会责任信息时应包括环境信息、能源、人力资源、生产产品、社区参与、其他6大类，包括36小类。山上和国部（Yamagami and Kokubu，1991）认为 CSR 信息披露应涵盖环境、社区参与、雇员关系、研发、国际活动5大类。格雷等（1995b）将 CSR 分为环境、消费者、能源、社区、慈善和政治捐赠、雇佣、其他7大类。唐纳森和普雷斯顿（1995）、图尔克（Turker，2009）、佩雷斯和博斯克（Pérez and Bosque，2013）、奥伯塞德等（Öoberseder et al.，2014）也对 CSR 的维度进行了划分。国内学者针对 CSR 的维度划分研究有：买生等（2012）将 CSR 划分为社会、市场、环境和科学发展4

个方面；田虹和姜雨峰（2014）将 CSR 划分为政府、消费者、社区、股东和员工 5 个维度；齐丽云和郭亚楠（2017）将 CSR 划分为责任治理、经济发展、环境、劳动实践、人权、公平运营、消费者问题和社区 8 个维度。

表 4-6　　国内外学者有关 CSR 的维度划分

学者（年份）		维度个数（个）	主要维度
国外	托特曼和布拉德利（Trotman and Bradley，1981）	6	环境信息、能源、人力资源、生产产品、社区参与、其他
	山上和国部（Yamagami and Kokubu，1991）	5	环境、社区参与、雇员关系、研发、国际活动
	格雷等（Gray et al.，1995b）	7	环境、消费者、能源、社区、慈善和政治捐赠、雇佣、其他
	唐纳森和普雷斯顿（Donaldson and Preston，1995）	5	股东、雇员、消费者、政府、社区
	图尔克（Turker，2009）	4	社会、雇员、顾客、政府
	佩雷斯和博斯克（Pérez and Bosque，2013）	4	顾客、股东、雇员、社会
	奥伯塞德等（Öoberseder et al.，2014）	7	顾客、雇员、环境、社区、社会、股东、供应商
国内	买生等（2012）	4	社会、市场、环境、科学发展
	田虹和姜雨峰（2014）	5	政府、消费者、社区、股东、员工
	齐丽云和郭亚楠（2017）	8	责任治理、经济发展、环境、劳动实践、人权、公平运营、消费者问题、社区

资料来源：笔者根据文献整理。

4.3.2　企业社会责任评价指标体系的构建

国内关于CSR的研究起步稍晚于国外，但2000年后，国内关于CSR的评价研究也进入了蓬勃发展的阶段。研究方法方面，在借鉴国外学者研究的基础上，国内学者也对CSR评价指标体系开展了广泛的研究。如表4-7所示，国内学者也就如何评价CSR从不同视角进行了研究，构建了多种有关CSR评价的指标体系。

表4-7　　基于不同研究视角下的CSR评价研究

分类	视角	研究者（年份）	指标个数（个）	主要指标
全行业	利益相关者	李立清（2006）	5	社会责任管理、商业道德、员工权益、人权保障、社会公益行为
全行业	利益相关者	辛杰（2008）	10	员工、股东、顾客、竞争者、债权人供应商、环境、政府、慈善机构、社区、文教体育事业
全行业	利益相关者	朱永明（2008）	10	政府、投资者、员工、业务伙伴、消费者、生态环境、社区、社会福利慈善事业、创新责任、社会发展
全行业	利益相关者	赵杨和孔祥纬（2010）	8	投资者、雇员、消费者、债权人、商业伙伴、政府、公众与社区、环保与节能
全行业	利益相关者	赵天燕和张雪（2012）	7	股东、债权人、职工、消费者、供应商、政府、公益事业
全行业	信息披露	李正（2006）	6	环境问题、员工问题、社区问题、一般社会问题、消费者、其他
全行业	信息披露	周兰和肖琼宇（2012）	11	社会责任管理、社会责任认知、战略、声誉、员工、环境及资源、股东及债权人、客户及消费者、供应链及商业伙伴、政府、社会公益

续表

分类	视角	研究者（年份）	指标个数（个）	主要指标
全行业	消费者	金立印（2006）	5	回馈社会活动、参与社会公益事业、保护消费者权益、保护环境、承担经济责任
全行业	员工权益	赵涛等（2008）	2	劳工权益、人权保障
全行业	资源环境	阳秋林和代金云（2012）	5	责任管理、市场、资源、环境、社会
全行业	低碳经济	徐泓和朱秀霞（2012）	4	经济、法律、伦理、慈善
农药	利益相关者	王林萍等（2007）	8	创新能力、经济效益、产品质量、售后服务、劳工权益、环境保护、慈善公益、社会关系
银行	利益相关者	华立群和朱蓓（2009）	6	员工、股东、顾客、政府、竞争者、社会
制造	利益相关者	宋建波和盛春艳（2009）	7	投资者、员工、客户、商业伙伴、政府、公益事业、环境责任
煤矿	利益相关者	王华东和徐运红（2010）	5	员工、安全、经济、环境、社会
旅游	利益相关者	苏志平（2010）	7	财务绩效、社会责任管理、诚信经营、员工权益、环境保护、行业标准认证、社会公益
煤炭	行业内部	赵红等（2012）	7	责任管理、经济、员工、社区、法律、环境、客户
房地产	利益相关者	郭肪汝和彭龙鑫（2012）	4	管理、经济、公共、环境
建筑	利益相关者	庞永师和王莹（2012）	7	投资者、客户、员工、合作伙伴、政府、社区、环境
保险	利益相关者	王蕾（2010）	9	股东、被保险人、员工、客户、竞争者、政府、社会、环境、全体利益相关者
电力	低碳经济	贺正楚和张训（2011）	4	电力供应、经济法规、环保节能、社会和谐

续表

分类	视角	研究者（年份）	指标个数（个）	主要指标
零售	利益相关者	孙乃娟和由莉颖（2011）	4	经济、道德、环保、公益
金融	利益相关者	张志暹（2012）	6	经济社会、法律道德、客户、员工、公益慈善、环境
钢铁	利益相关者	李云宏等（2014）	7	债权人、股东、消费者、员工、资源环境、政府、社区
民营企业	企业治理	姜万军等（2006）	3	经济关系、社会关系、自然关系
国有企业	利益相关者	刘淑华等（2011）	7	员工、股东、消费者、供应商、社区、政府、环境资源

资料来源：笔者根据文献整理。

首先，从利益相关者视角看，李立清（2006）建立了社会责任管理、商业道德、员工权益、人权保障、社会公益行为 5 个要素的 CSR 评价指标体系。辛杰（2008）采用利益相关者理论对企业承担社会责任的范围进行了界定，并构建了 CSR 评价指标体系，将其分为对员工的责任、对股东的责任、对顾客的责任、对竞争者的责任、对债权人供应商的责任、对环境的责任、对政府的责任、对慈善机构的责任、对社区的责任、对文教体育事业的责任 10 大类，共包括 36 小类。朱永明（2008）认为 CSR 除了应包括对政府、对投资者、对员工、对业务伙伴、对消费者、对生态环境、对社区和对社会福利慈善事业的责任以外，还应包括对创新责任和对社会发展的责任，构建了上述 10 个一级指标，包括 38 个二级指标体系。赵杨和孔祥纬（2010）基于利益相关者理论构建了 CSR 评价指标体系，将其分为对投资者的责任、对雇员的责任、对消费者的责任、对债权人的责任、对商业伙伴的责任、对政府的责任、对公众与社区的责任、对环保与节能的责任 8 个一级指标，共包括 32 个二级指标。赵天燕和张雪（2012）构建了对股东、债权人、员工、消费者、供应商、政府、公益事业的 7 个一级指标，包括 14 个具体指标的 CSR 评价指标体系。

其次，从信息披露视角看，李正（2006）认为 CSR 信息披露范畴应包括环境问题、员工问题、社区问题、一般社会问题、消费者、其他 6 大类，共包括 15 小类。李正和向锐（2007）在涵盖了上述 6 大类基础上，对员工问题和其他类进行了拓展，共包括 19 小类。周兰和肖琼宇（2012）根据企业披露的社会责任信息，构建了社会责任管理、社会责任认知、企业战略、企业声誉、员工权益保护、环境及资源、股东及债权人、客户及消费者、供应链及商业伙伴、政府、社会公益 11 个一级指标，共包括 23 个具体指标。

此外，金立印（2006）基于消费者视角，构建了包括回馈社会活动、参与社会公益事业、保护消费者权益、保护环境、承担经济方面的责任 5 个一级指标，包括 16 个具体指标的 CSR 评价体系。赵涛等（2008）建立了基于员工权益视角的 CSR 评价指标体系，设计了劳工权益、人权保障 2 个一级指标，劳工权益方面包括童工、劳动补偿、安全卫生、工作时间 4 个二级指标；人权保障方面包括集体谈判权利、禁止强制劳动、禁止歧视、劳动纪律 4 个二级指标。阳秋林和代金云（2012）从“两型社会”（资源节约型、环境友好型）的视角出发，将 CSR 评价指标体系分为责任管理、市场责任、资源责任、环境责任、社会责任 5 个一级指标，共包括 47 个具体指标。徐泓和朱秀霞（2012）建立了基于低碳经济视角的 CSR 评价指标体系，认为 CSR 包括经济责任、法律责任、伦理责任、慈善责任 4 个一级指标，共包括 30 个具体指标。

从特定行业来看，学者们对不同行业的 CSR 建立了不同的评价指标体系。王林萍等（2007）设计了农药企业的 CSR 评价指标体系，构建了创新能力、经济效益、产品质量、售后服务、劳工权益、环境保护、慈善公益、社会关系8个一级指标，包括26个二级指标。华立群和朱蓓（2009）设计了银行业的CSR评价指标体系，构建了员工、股东、顾客、政府、竞争者、社会6个一级指标，包括26个二级指标。宋建波和盛春艳（2009）基于利益相关者视角，设计了制造业上市公司的CSR指标评价体系，构建了对投资者、对员工、对客户、对商业伙伴、对政府、对公益事业、对环境的责任7个一级指标。王华东和徐运红（2010）设计了煤矿行业企业的CSR评价指标体系，构建了员工、安全、经济、环境、社会5个指标。苏志平（2010）构建了旅游行业的CSR指标体系，将指标体系分为社会责任管理、财务绩效、诚信经营、员工权益、环境保护、行业标准认证、社会公益7个一级指标，共包括22个二级指标。赵红等（2012）以煤炭行业为研究对象，为构建该行业CSR评价指标体系，设计了责任管理、经济、员工、社区、法律、环境、客户7个一级指标。郭昉汝和彭龙鑫（2012）基于利益相关者视角，以房地产企业为研究对象，从管理、经济、公共、环境4个层面构建了该行业CSR评价指标体系。庞永师和王莹（2012）设计了建筑行业CSR评价指标体系，构建了投资者责任、客户责任、员工责任、合作伙伴责任、政府责任、社区责任、环境责任7个一级指标。王蕾（2010）设计了保险企业的CSR评价指标体系，构建了股东、被保险人、员工、客户、竞争者、政府、社会、环境、全体利益相关者9个一级指标，包括21个二级指标。贺正楚和张训（2011）结合电力行业特点，选择了电力供应、经济法规、环保节能、社会和谐4个一级指标构建了该行业的CSR评价体系。孙乃娟和由莉颖（2011）根据零售行业企业的业务模式特点，从经济责任、道德责任、环保责任、公益责任4个维度构建了该行业的CSR评价体系。张志暹（2012）依据利益相关者理论，建立了金融机构CSR评价指标体系，设计了经济社会责任、法律道德责任、客户责任、员工责任、公益慈善责任、环境责任6个一级指标。李云宏等（2014）根据利益相关者理论，结合钢铁行业特点，构建了债权人、股东、消费者、员工、资源环境、政府、社区7个一级指标，包括26个二级指标。另外，国内学者也有针对不同所有制企业构建了CSR评价指标体系。姜万军等（2006）建立了民营企业的CSR评价指标体系，设计了经济关系类、社会关系类、自然关系类3个一级指标。刘淑华等（2011）提出了国有企业的CSR评价指标体系，从利益相关者角度，设计了员工、股东、消费者、供应商、社区、政府、环境资源7个指标。

上述文献中，国内学者针对国内特定行业的CSR指标体系做了一系列探索，从研究视角到CSR指标体系建立，取得的成果对于丰富和完善国内不同行业的CSR评价起到了推动作用。但其中也存在一些问题，如有些指标设定侧重于经济责任、有些指标设定侧重于环境责任。从行业来看，已有学者构建了全行业以及农药、银行、旅游、煤炭、房地产、建筑、保险、电力、零售、钢铁等不同行业的CSR评价指标体系。此外，学者还针对民营以及国有的不同所有制企业构建了CSR评价指标体系。

此外，一些机构也构建了一系列有关CSR指标体系(见表4-8)。2006年，北京大学民营经济研究院公布了《中国企业社会责任调查评价体系与标准》，构建了适用于民营企业的社会责任绩效评价体系。据单忠东等（2007）所示，该评价体系分为E系列经济责任、S系列社会责任、N系列环境责任三大系列，包括法律责任、股东权益、社会经济、员工权益、诚信经营、公益责任、环境保护7个一级指标和19个二级指标。2008年，中国工业经济联合会等11家工业协会（联合会）联合发布了《中国工业企业及工业协会社会责任指南》，2010年又发布了升级版指南，规定了科学发展、公平运营、环保节约、安全生产、顾客与消费者权益、合作共赢、和谐劳动关系、社区参与、发展8个方面的工业企业社会责任报告参考指标。2009年，中国社会科学院（以下简称“社科院”）经济学部企业社会责任研究中心在参照ISO 26000等社会责任标准基础上，构建了基于责任管理、市场责任、社会责任、环境责任“四位一体”的理论模型为基础的一套CSR评价指标体系。该指标体系分为责任管理、市场责任、社会责任、环境责任、调整项5个一级指标（陈佳贵等，2009）。上海质量管理科学研究院（2010）从企业履行社会责任基本规范着手，选取了对顾客、员工、合作伙伴、投资者、环境、社区的责任6个一级指标，来构建CSR评价指标体系。2010年，杭州市总工会和浙江大学公共管理学院推出了《杭州市企业社会责任评价体系》，主要从市场责任、环境责任、用工责任、公益责任4个方面，包括诚信经营、财会纳税、产品质量、环保减排、低碳节能、依法用工、协调机制、安全生产、职业健康、公益慈善、社会评价11个一级指标对CSR进行评价。2011年，住房和城乡建设部政策中心牵头研究构建了《中国房地产企业社会责任评价体系》，主要分为目标管理、企业运营、员工权益、消费者权益、社会贡献、合作企业、公共利益、节能环保、社会评价、特别评价10个一级指标。2017年，江苏省经济和信息化委员会印发了《江苏省企业社会责任评价基本指南》，为指导CSR评价构建了创新发展与质量保证、协调发展与和谐关系、绿色发展与安全环保、开放发展与诚信共赢、共享发展与公益慈善5个一级指标。如中国企业评价协会和清华大学社会科学学院（2014）发布的《中国企业社会责任评价准则》中，构建了CSR的评价体系，包括责任管理、道德价值、诚信经营、质量安全、股东、员工、消费者、能源环境、和谐社区、科技创新10个一级指标。

表 4-8　　国内相关机构构建的 CSR 评价指标

年份	分类	视角	机构	指标个数（个）	主要指标
2006	民营企业	三重底线	北京大学民营经济研究院	7	法律责任、股东权益、社会经济、员工权益、诚信经营、公益责任、环境保护
2008	工业	利益相关者	中国工业经济联合会等	8	科学发展、公平运营、环保节约、安全生产、顾客与消费者权益、合作共赢、和谐劳动关系、社区参与和发展
2009	全行业	四位一体	中国社会科学院经济学部	5	责任管理、市场、社会、环境、调整项
2010	全行业	利益相关者	上海质量管理科学研究院	6	顾客、员工、合作伙伴、投资者、环境、社区
2010	全行业	国内外 CSR 理论	杭州市总工会和浙江大学公共管理学院	11	诚信经营、财会纳税、产品质量、环保减排、低碳节能、依法用工、协调机制、安全生产、职业健康、公益慈善、社会评价
2011	房地产	利益相关者	住房和城乡建设部政策中心	10	目标管理、企业运营、员工权益、消费者权益、社会贡献、合作企业、公共利益、节能环保、社会评价、特别评价
2017	全行业	利益相关者	江苏省经济和信息化委员会	5	创新发展与质量保证、协调发展与和谐关系、绿色发展与安全环保、开放发展与诚信共赢、共享发展与公益慈善

资料来源：笔者根据文献整理。

综合国内外研究，目前为止的学者以及相关机构在 CSR 评价方面取得了诸多研究成果，同时也存在以下两点问题：一是总体而言缺乏统一的 CSR 评价总体框架。学者基于自身研究领域以及视角，针对 CSR 的衡量指标存在分歧，缺乏一个能适用于各行业企业的 CSR 评价的总体框架。二是缺乏可行性和可比性的评价指标体系。如前述 2009 年中国银行业协会发布的《中国银行业金融机构企业社会责任指引》是以描述性语言促进企业积极履行社会责任而提供的指南，内容以原则性或指导性为主，用于可量化分析的评价指标较缺乏。

4.3.2　基于 GRI 指南的评价

国际社会通过制定的标准、原则、指南和行为规范等提高了企业以及公众的社会责任问题意识。如 ISO 倡导的 ISO 26000，尽管它在其中提出了企业需要关注的 7 个社会核心主题，对每个核心主题都提出了它的范围、它与社会责任的关系以及相关的行动和期望。其他如联合国全球契约 10 项原则、GRI 指南等，都是企业披露自身社会责任信息的工具，也将成为社会监督企业履行社会责任行为的工具。需要强调的是，不同的标准或指南之间并不互相排斥，它们之间存在共性，甚至部分内容有相通之处。企业在编制报告时可以选取其中一个作为主要参照指南，其他作为辅助参照指南。换言之，报告可以同时参照多个指南进行编写。而从严格意义上讲，其中只有 GRI 属于为推动 CSR 报告而制定的指南。但由于 ISO 26000、联合国全球契约 10 项原则等标准在内涵上与社会责任高度契合，在国内企业中也产生了较大影响，并成为诸多企业在编制报告时的参照指南。此外，企业欲突出其国际化的特点，可优先采用国际指南，尤其是 GRI 指南，因为它是目前世界上公认的使用最广泛的 CSR 信息披露规则和工具。因此，本书基于 GRI 指南针对 CSR 报告展开分析。

在 CSR 问题日益受到关注的今天，建立一个评价体系来对 CSR 信息披露情况进行评价显得尤为重要。本书基于 GRI 进行 CSR 信息披露评价，主要基于以下三点原因：一是与国际接轨的指标体系。伴随经济全球一体化推进，世界呈现你中有我、我中有你的态势。中国企业也需要融入国际大环境，因此，CSR 信息披露指标的选择也有必要跟国际标准接轨。制定中国的 CSR 指标体系如能按照国际标准和准则进行指标选择，将有利于中国企业参与国际竞争；二是全面覆盖的指标体系。全面覆盖要求 CSR 评价体系考虑的各项指标能够全面客观地反映企业披露 CSR 信息的各方面情况，包括对股东、员工、顾客、政府、环境、当地社区等利益相关者的信息披露，成为 CSR 信息披露情况的综合体现，揭示出评价对象的全貌；三是可行性和可比性相结合的指标体系。关于可行性，在构建 CSR 信息披露体系时要考虑确保获取相关数据资料的渠道，以保证统计数据可靠性。即尽量能从各种公开信息资料中获得，以提高 CSR 评价体系在实际中执行和应用的可行性。关于可比性，CSR 信息披露指标体系还要具有行业之间的横向对比。所选用指标应符合国际通行的 CSR 信息披露规范，以便与国际同行业企业在统一指标上进行国际比较分析。

第5章　中国企业社会责任信息披露评价

5.1　企业社会责任报告参数

5.1.1　企业参数分析

5.1.1.1　性质分布

国内首份有关社会责任主题的报告可追溯至1999年，由壳牌（中国）有限公司所发布。2001年，中国石油天然气股份有限公司发布了中国企业第一份社会责任报告“健康安全环境报告”，正式吹响了中国企业发布此类报告的号角；2006年，国家电网有限公司发布了中央企业首份“企业社会责任报告”。之后，中国石油天然气集团有限公司、中国移动通信集团公司等中央企业，以及中国建设银行、中国银行等大型国有银行陆续发布CSR报告。毋庸置疑，国有企业在国内CSR报告数量迅速增长的过程中扮演了重要角色。根据MQI数据库收录数据显示，2006年中国企业发布了26份CSR报告，可以说是中国企业发布此类报告的转折年；2007 年与 2008 年中国企业分别发布了 94 份与 160 份；2009 年起中国企业发布 CSR 报告的数量激增，增长到 641 份；2010 年增长速度有所减缓，但依然发布了 764 份；2011 年首次突破 1000 份；2014 年突破了 2000 份。

如图 5 – 1 所示，本书收集的 106 家报告中，数量最多的来自国有及国有控股性质的企业，有 69 家，占样本总数的 65. 1%。排名第二的是民营性质的企业，有 25 家，占样本总数的 23. 6%[①]。两者相加占所有企业的 89. 7%，占据了样本总数的绝大部分。相对而言，外商投资性质的企业数量就比较少，只有 12 家，仅占样本总数的 11. 3%。

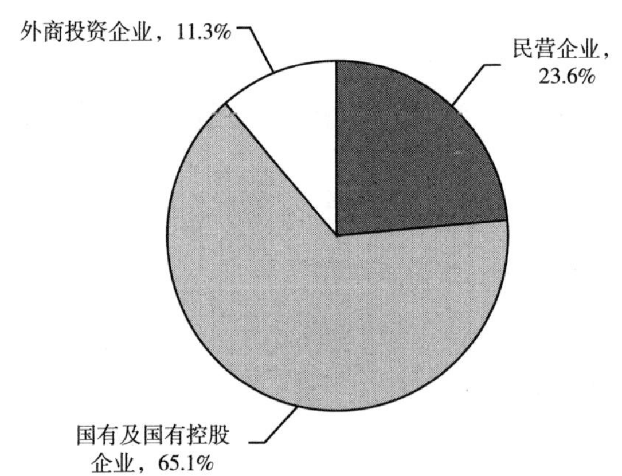

图 5 – 1　企业性质分布

资料来源：笔者根据各企业信息整理。

① 本书有关企业性质的分类是根据 MQI 平台显示的内容进行划分的。其中，上海银行股份有限公司由上海联和投资有限公司、上海国际港务（集团）股份有限公司等国有法人；TCL 集团股份有限公司等境内非国有法人；西班牙国际银行有限公司等境外法人；众多个人股份共同组成的新型股份制商业银行。另外，海南航空控股股份有限公司、浙江华友钴业股份有限公司、金达控股有限公司在 MQI 平台信息被标注为合资公司，与上海银行股份有限公司类似，作为境内投资方与境外投资方共同经营，实行独立核算、自负盈亏的经济实体，为非公有制企业。因此，本书将这四家归类至民营性质的企业中。

5.1.1.2　行业分布

从图5－2可以看出，106家样本企业中，制造业是报告发布的重要主体，占比高达34.9%。其次是金融业，占比达17.9%。其他达5%以上的有采矿业、电力热力燃气及水生产和供应业，分别占7.5%，以及批发和零售业，占5.7%。农林牧渔业、租赁和商务服务业、水利环境和公共设施管理业占比较低，分别低于2.0%。

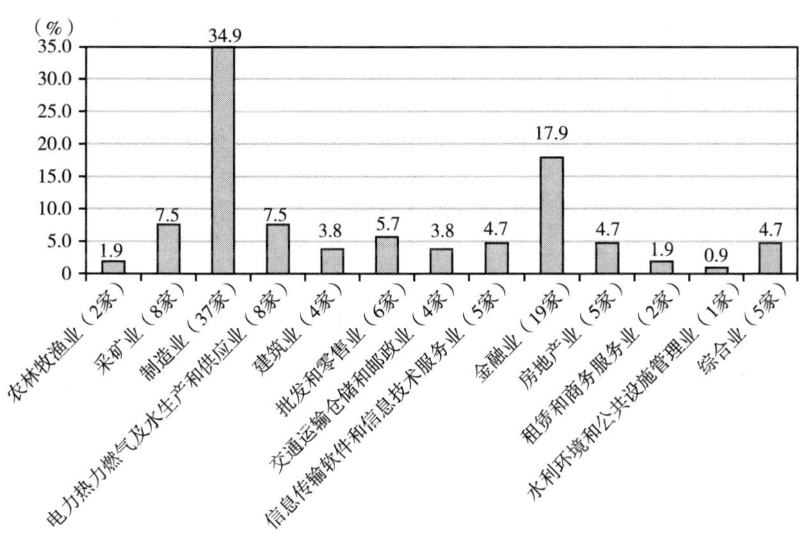

图5－2　CSR报告主体行业分布

资料来源：笔者根据各企业信息整理。

5.1.2　报告参数分析

5.1.2.1　报告名称

与财务报告具有规范的会计准则约束不同，因CSR报告不存在标准格式，导致CSR报告命名有所差异。如本书第3章所述，回顾有关企业披露社会责任信息所发布报告的国际发展历史，其名称还是有些规律可循的。早期，CSR 报告尚未盛行，报告往往侧重单个方面的内容，如“环境报告”，再到侧重多个方面的内容，如“健康、安全与环境报告”。后来，CSR 概念越发受到重视，部分企业开始转用为“社会责任报告”“企业社会责任报告”。再后来，GRI 在 2000 年发布了《可持续发展报告指南》后，于是诞生了“可持续发展报告”。近年，部分企业为了遵循香港联合交易所出台的《环境、社会及管治报告指引》，推出了“环境、社会及管治报告”。报告名称不存在对与错之分，其命名很大程度上取决于企业自身的偏好和需求。而影响企业报告命名的因素也是错综复杂，可以看出企业会根据不同时期的不同偏好和需求，在某一特定的时期内采用不同名称。由此可见，报告名称不是重点，重要的是企业能够在报告中呈现高质量的社会责任信息，以满足利益相关者的需求。作为参考，本书调查了 106 份的报告名称。首先，名称为“社会责任”或“企业社会责任”的报告共有 81 份，占样本总数达 76.4%。其次，名称为“可持续发展”的报告共有 21 份，占比为 19.8%。相对来说，“环境、社会及管治”的报告数量较少，只有 4 份，仅占样本总数的 3.8%（见图 5－3）。

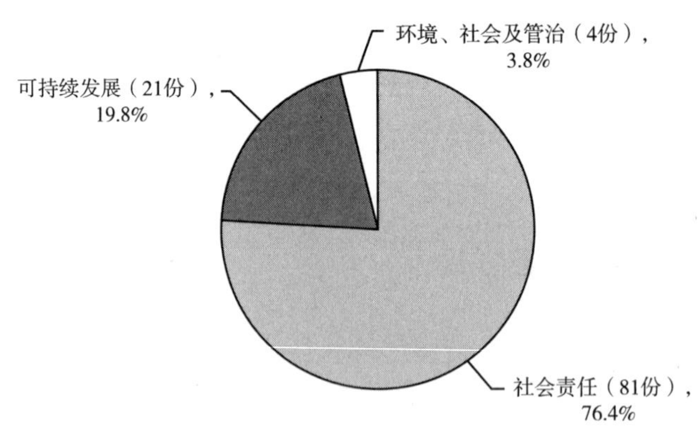

图 5－3　报告名称

资料来源：笔者根据各 CSR 报告整理。

5.1.2.2　报告篇幅

CSR 报告要关注披露数量，还应该关注披露内容的广度和深度等。CSR 报告的篇幅长短可以在一定程度上反映该报告所披露信息的丰富程度。从图5－4可以发现，50页以上的报告数量占比9成以上，达到92.5%。而殷格非等（2018）针对中国企业社会责任报告1433份的报告篇幅进行统计显示，51页及以上占比仅达25.05%。相对于其他研究针对报告篇幅进行的统计，可以发现，显示了GRI指南对照表报告的篇幅普遍较长。

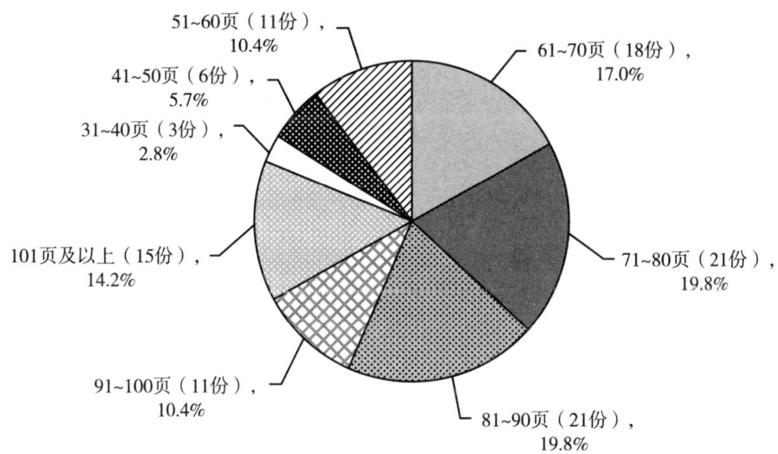

图5－4　报告篇幅

资料来源：笔者根据各CSR报告整理。

5.1.2.3　编制依据

本书采用了显示GRI指南对照表（G4）的报告作为研究样本，故每份报告都参照了G4（见表5－1）。

表 5－1 报告编制依据示列

企业名	GRI	中国社会科学院《中国企业社会责任报告编写指南》	国家标准《社会责任报告编写指南》	香港联合交易所《环境、社会及管治报告指引》	国资委《关于中央企业履行社会责任的指导意见》	上海证券交易所《公司履行社会责任的报告编制指引》	上海证券交易所《上市公司环境信息披露指引》	中国银行业协会《中国银行业金融机构企业社会责任指引》	中国银监会《关于加强银行业金融机构社会责任的意见》	中国工业经济联合会等《中国工业企业及工业协会社会责任指南》	国家标准《社会责任指南》	中国电子工业标准化技术协会《电子信息行业社会责任指南》	深圳证券交易所《上市公司社会责任指引》	国资委《关于国有企业更好履行社会责任的指导意见》	上海证券交易所《关于加强上市公司社会责任承担工作的通知》	深圳证券交易所《主板上市公司规范运作指引》	ISO 26000	联合国全球契约	联合国可持续发展目标	AA 1000 标准
欧姆龙集团	√									√							√	√		
锦江麦德龙现购自运有限公司	√	√									√									
索尼（中国）有限公司	√	√	√									√								
大金（中国）投资有限公司	√	√	√														√	√		
佳能（中国）有限公司	√	√	√									√					√			
松下电器（中国）有限公司	√	√									√	√					√		√	

续表

企业名	GRI	中国社会科学院《中国企业社会责任报告编写指南》	国家标准《社会责任报告编写指南》	香港联合交易所《环境、社会及管治报告指引》	国资委《关于中央企业履行社会责任的指导意见》	上海证券交易所《公司履行社会责任的报告编制指引》	上海证券交易所《上市公司环境信息披露指引》	中国银行业协会《中国银行业金融机构企业社会责任指引》	中国银监会《关于加强银行业金融机构社会责任的意见》	中国工业经济联合会等《中国工业企业及工业协会社会责任指南》	国家标准《社会责任指南》	中国电子工业标准化技术协会《电子信息行业社会责任指南》	深圳证券交易所《上市公司社会责任指引》	国资委《关于国有企业更好履行社会责任的指导意见》	上海证券交易所《关于加强上市公司社会责任承担工作的通知》	深圳证券交易所《主板上市公司规范运作指引》	ISO 26000	联合国全球契约	联合国可持续发展目标	AA 1000标准
丰田汽车（中国）投资有限公司	√	√																		
富士康科技集团	√																			
仁宝电脑工业股份有限公司	√																			
瑞安房地产有限公司	√			√																
可口可乐（中国）饮料有限公司	√	√	√														√	√		
环旭电子股份有限公司	√																			
上海银行股份有限公司	√					√	√	√	√											

续表

企业名	GRI	中国社会科学院《中国企业社会责任报告编写指南》	国家标准《社会责任报告编写指南》	香港联合交易所《环境、社会及管治报告指引》	国资委《关于中央企业履行社会责任的指导意见》	上海证券交易所《公司履行社会责任的报告编制指引》	上海证券交易所《上市公司环境信息披露指引》	中国银行业协会《中国银行业金融机构企业社会责任指引》	中国银监会《关于加强银行业金融机构社会责任的意见》	中国工业经济联合会等《中国工业企业及工业协会社会责任指南》	国家标准《社会责任指南》	中国电子工业标准化技术协会《电子信息行业社会责任指南》	深圳证券交易所《上市公司社会责任指引》	国资委《关于国有企业更好履行社会责任的指导意见》	上海证券交易所《关于加强上市公司社会责任承担工作的通知》	深圳证券交易所《主板上市公司规范运作指引》	ISO 26000	联合国全球契约	联合国可持续发展目标	AA 1000标准
浙江华友钴业股份有限公司	√														√					
金达控股有限公司	√			√																
海南航空控股股份有限公司	√	√	√			√											√			
保利协鑫能源控股有限公司	√	√		√																
中国泛海控股集团有限公司	√	√															√			
上海华虹宏力半导体制造有限公司	√			√						√	√						√			
TCL集团股份有限公司	√	√		√									√				√	√	√	

续表

企业名	GRI	中国社会科学院《中国企业社会责任报告编写指南》	国家标准《社会责任报告编写指南》	香港联合交易所《环境、社会及管治报告指引》	国资委《关于中央企业履行社会责任的指导意见》	上海证券交易所《公司履行社会责任的报告编制指引》	上海证券交易所《上市公司环境信息披露指引》	中国银行业协会《中国银行业金融机构企业社会责任指引》	中国银监会《关于加强银行业金融机构社会责任的意见》	中国工业经济联合会等《中国工业企业及工业协会社会责任指南》	国家标准《社会责任指南》	中国电子工业标准化技术协会《电子信息行业社会责任指南》	深圳证券交易所《上市公司社会责任指引》	国资委《关于国有企业更好履行社会责任的指导意见》	上海证券交易所《关于加强上市公司社会责任承担工作的通知》	深圳证券交易所《主板上市公司规范运作指引》	ISO 26000	联合国全球契约	联合国可持续发展目标	AA 1000标准
内蒙古伊利实业集团股份有限公司	√	√	√				√										√	√	√	
饿了么公司	√																√			
广东温氏食品集团股份有限公司	√	√																		
苏宁易购集团股份有限公司	√	√	√										√				√			
比亚迪股份有限公司	√	√		√																
上海复星医药（集团）股份有限公司	√			√							√									
平安银行股份有限公司	√							√	√				√							√

续表

企业名	GRI	中国社会科学院《中国企业社会责任报告编写指南》	国家标准《社会责任报告编写指南》	香港联合交易所《环境、社会及管治报告指引》	国资委《关于中央企业履行社会责任的指导意见》	上海证券交易所《公司履行社会责任的报告编制指引》	上海证券交易所《上市公司环境信息披露指引》	中国银行业协会《中国银行业金融机构企业社会责任指引》	中国银监会《关于加强银行业金融机构社会责任的意见》	中国工业经济联合会等《中国工业企业及工业协会社会责任指南》	国家标准《社会责任指南》	中国电子工业标准化技术协会《电子信息行业社会责任指南》	深圳证券交易所《上市公司社会责任指引》	国资委《关于国有企业更好履行社会责任的指导意见》	上海证券交易所《关于加强上市公司社会责任承担工作的通知》	深圳证券交易所《主板上市公司规范运作指引》	ISO 26000	联合国全球契约	联合国可持续发展目标	AA 1000标准
华为投资控股有限公司	√																			
重庆农村商业银行股份有限公司	√			√				√	√											
扬子江药业集团	√										√									
供销大集集团股份有限公司	√	√	√														√			
天津天海投资发展股份有限公司	√					√	√										√			
海南海航基础设施投资集团股份有限公司	√	√	√			√											√			
龙蟒佰利联集团股份有限公司	√	√											√				√	√		

续表

企业名	GRI	中国社会科学院《中国企业社会责任报告编写指南》	国家标准《社会责任报告编写指南》	香港联合交易所《环境、社会及管治报告指引》	国资委《关于中央企业履行社会责任的指导意见》	上海证券交易所《公司履行社会责任的报告编制指引》	上海证券交易所《上市公司环境信息披露指引》	中国银行业协会《中国银行业金融机构企业社会责任指引》	中国银监会《关于加强银行业金融机构社会责任的意见》	中国工业经济联合会等《中国工业企业及工业协会社会责任指南》	国家标准《社会责任指南》	中国电子工业标准化技术协会《电子信息行业社会责任指南》	深圳证券交易所《上市公司社会责任指引》	国资委《关于国有企业更好履行社会责任的指导意见》	上海证券交易所《关于加强上市公司社会责任承担工作的通知》	深圳证券交易所《主板上市公司规范运作指引》	ISO 26000	联合国全球契约	联合国可持续发展目标	AA 1000标准
百度公司	√											√						√	√	
联想集团有限公司	√	√		√								√								
新世界百货中国有限公司	√			√																
中国技术进出口总公司	√	√			√												√			
远东宏信有限公司	√			√																
上海浦东路桥建设股份有限公司	√				√		√										√			
上海浦东发展银行股份有限公司	√	√					√	√	√								√			
兴业银行股份有限公司	√	√	√			√	√	√			√						√			

续表

企业名	GRI	中国社会科学院《中国企业社会责任报告编写指南》	国家标准《社会责任报告编写指南》	香港联合交易所《环境、社会及管治报告指引》	国资委《关于中央企业履行社会责任的指导意见》	上海证券交易所《公司履行社会责任的报告编制指引》	上海证券交易所《上市公司环境信息披露指引》	中国银行业协会《中国银行业金融机构企业社会责任指引》	中国银监会《关于加强银行业金融机构社会责任的意见》	中国工业经济联合会等《中国工业企业及工业协会社会责任指南》	国家标准《社会责任指南》	中国电子工业标准化技术协会《电子信息行业社会责任指南》	深圳证券交易所《上市公司社会责任指引》	国资委《关于国有企业更好履行社会责任的指导意见》	上海证券交易所《关于加强上市公司社会责任承担工作的通知》	深圳证券交易所《主板上市公司规范运作指引》	ISO 26000	联合国全球契约	联合国可持续发展目标	AA 1000标准
华夏银行股份有限公司	√	√					√	√									√			
云南白药集团股份有限公司	√	√	√													√				
北京首创股份有限公司	√	√															√			
东方证券股份有限公司	√			√			√													
中国工商银行股份有限公司	√			√		√	√	√	√								√	√		
海通证券股份有限公司	√			√											√					

续表

企业名	GRI	中国社会科学院《中国企业社会责任报告编写指南》	国家标准《社会责任报告编写指南》	香港联合交易所《环境、社会及管治报告指引》	国资委《关于中央企业履行社会责任的指导意见》	上海证券交易所《公司履行社会责任的报告编制指引》	上海证券交易所《上市公司环境信息披露指引》	中国银行业协会《中国银行业金融机构企业社会责任指引》	中国银监会《关于加强银行业金融机构社会责任的意见》	中国工业经济联合会等《中国工业企业及工业协会社会责任指南》	国家标准《社会责任指南》	中国电子工业标准化技术协会《电子信息行业社会责任指南》	深圳证券交易所《上市公司社会责任指引》	国资委《关于国有企业更好履行社会责任的指导意见》	上海证券交易所《关于加强上市公司社会责任承担工作的通知》	深圳证券交易所《主板上市公司规范运作指引》	ISO 26000	联合国全球契约	联合国可持续发展目标	AA 1000标准
上海国际港务（集团）股份有限公司	√				√	√														
中信银行股份有限公司	√		√			√	√	√	√											
兖州煤业股份有限公司	√			√			√								√		√			
中国人寿保险股份有限公司	√	√	√	√		√											√			
神马实业股份有限公司	√	√															√	√		
太原钢铁（集团）有限公司	√	√								√	√						√	√		

续表

企业名	GRI	中国社会科学院《中国企业社会责任报告编写指南》	国家标准《社会责任报告编写指南》	香港联合交易所《环境、社会及管治报告指引》	国资委《关于中央企业履行社会责任的指导意见》	上海证券交易所《公司履行社会责任的报告编制指引》	上海证券交易所《上市公司环境信息披露指引》	中国银行业协会《中国银行业金融机构企业社会责任指引》	中国银监会《关于加强银行业金融机构社会责任的意见》	中国工业经济联合会等《中国工业企业及工业协会社会责任指南》	国家标准《社会责任指南》	中国电子工业标准化技术协会《电子信息行业社会责任指南》	深圳证券交易所《上市公司社会责任指引》	国资委《关于国有企业更好履行社会责任的指导意见》	上海证券交易所《关于加强上市公司社会责任承担工作的通知》	深圳证券交易所《主板上市公司规范运作指引》	ISO 26000	联合国全球契约	联合国可持续发展目标	AA 1000标准
国家开发银行股份有限公司	√										√						√			
广东省粤电集团有限公司	√	√																		
广西柳工集团有限公司	√	√	√		√											√				
上海外高桥集团股份有限公司	√						√													
中国人民保险集团股份有限公司	√	√		√																
京东方科技集团股份有限公司	√	√														√				

续表

企业名	GRI	中国社会科学院《中国企业社会责任报告编写指南》	国家标准《社会责任报告编写指南》	香港联合交易所《环境、社会及管治报告指引》	国资委《关于中央企业履行社会责任的指导意见》	上海证券交易所《公司履行社会责任的报告编制指引》	上海证券交易所《上市公司环境信息披露指引》	中国银行业协会《中国银行业金融机构企业社会责任指引》	中国银监会《关于加强银行业金融机构社会责任的意见》	中国工业经济联合会等《中国工业企业及工业协会社会责任指南》	国家标准《社会责任指南》	中国电子工业标准化技术协会《电子信息行业社会责任指南》	深圳证券交易所《上市公司社会责任指引》	国资委《关于国有企业更好履行社会责任的指导意见》	上海证券交易所《关于加强上市公司社会责任承担工作的通知》	深圳证券交易所《主板上市公司规范运作指引》	ISO 26000	联合国全球契约	联合国可持续发展目标	AA 1000 标准
北京汽车集团有限公司	√	√																		
中国银行股份有限公司	√			√			√	√	√								√			√
深圳市燃气集团股份有限公司	√	√				√														
广州珠江实业集团有限公司	√	√	√			√														
浙江中国小商品城集团股份有限公司	√					√	√													
天马微电子股份有限公司	√																			

续表

企业名	GRI	中国社会科学院《中国企业社会责任报告编写指南》	国家标准《社会责任报告编写指南》	香港联合交易所《环境、社会及管治报告指引》	国资委《关于中央企业履行社会责任的指导意见》	上海证券交易所《公司履行社会责任的报告编制指引》	上海证券交易所《上市公司环境信息披露指引》	中国银行业协会《中国银行业金融机构企业社会责任指引》	中国银监会《关于加强银行业金融机构社会责任的意见》	中国工业经济联合会等《中国工业企业及工业协会社会责任指南》	国家标准《社会责任指南》	中国电子工业标准化技术协会《电子信息行业社会责任指南》	深圳证券交易所《上市公司社会责任指引》	国资委《关于国有企业更好履行社会责任的指导意见》	上海证券交易所《关于加强上市公司社会责任承担工作的通知》	深圳证券交易所《主板上市公司规范运作指引》	ISO 26000	联合国全球契约	联合国可持续发展目标	AA 1000标准
中国太平洋保险（集团）股份有限公司	√			√		√											√			
中国建设银行股份有限公司	√			√		√	√	√	√											
交通银行股份有限公司	√			√			√		√											
中国农业银行股份有限公司	√			√		√	√	√	√								√			
上海益民商业股份有限公司	√					√	√													
山东黄金矿业股份有限公司	√	√				√											√	√		

续表

企业名	GRI	中国社会科学院《中国企业社会责任报告编写指南》	国家标准《社会责任报告编写指南》	香港联合交易所《环境、社会及管治报告指引》	国资委《关于中央企业履行社会责任的指导意见》	上海证券交易所《公司履行社会责任的报告编制指引》	上海证券交易所《上市公司环境信息披露指引》	中国银行业协会《中国银行业金融机构企业社会责任指引》	中国银监会《关于加强银行业金融机构社会责任的意见》	中国工业经济联合会等《中国工业企业及工业协会社会责任指南》	国家标准《社会责任指南》	中国电子工业标准化技术协会《电子信息行业社会责任指南》	深圳证券交易所《上市公司社会责任指引》	国资委《关于国有企业更好履行社会责任的指导意见》	上海证券交易所《关于加强上市公司社会责任承担工作的通知》	深圳证券交易所《主板上市公司规范运作指引》	ISO 26000	联合国全球契约	联合国可持续发展目标	AA 1000标准
中兴通讯股份有限公司	√																√	√		
中国机械工业集团有限公司	√	√	√		√					√							√			
中国石油化工集团公司	√	√			√														√	
中国林业集团公司	√		√		√					√							√			
中国钢研科技集团有限公司	√	√			√												√			
中国能源建设集团有限公司	√	√	√		√															
中国船舶重工集团公司	√	√	√		√												√			

续表

企业名	GRI	中国社会科学院《中国企业社会责任报告编写指南》	国家标准《社会责任报告编写指南》	香港联合交易所《环境、社会及管治报告指引》	国资委《关于中央企业履行社会责任的指导意见》	上海证券交易所《公司履行社会责任的报告编制指引》	上海证券交易所《上市公司环境信息披露指引》	中国银行业协会《中国银行业金融机构企业社会责任指引》	中国银监会《关于加强银行业金融机构社会责任的意见》	中国工业经济联合会等《中国工业企业及工业协会社会责任指南》	国家标准《社会责任指南》	中国电子工业标准化技术协会《电子信息行业社会责任指南》	深圳证券交易所《上市公司社会责任指引》	国资委《关于国有企业更好履行社会责任的指导意见》	上海证券交易所《关于加强上市公司社会责任承担工作的通知》	深圳证券交易所《主板上市公司规范运作指引》	ISO 26000	联合国全球契约	联合国可持续发展目标	AA 1000标准
中国旅游集团公司	√	√			√												√	√		
招商局集团有限公司	√	√			√															
中国华能集团公司	√	√								√							√			
中国长江三峡集团公司	√	√	√														√			
国家电力投资集团公司	√	√	√		√												√			
鞍钢集团公司	√	√	√		√					√							√			
中国第一汽车集团公司	√		√		√					√							√			
中国化工集团公司	√	√	√		√												√			

续表

企业名	GRI	中国社会科学院《中国企业社会责任报告编写指南》	国家标准《社会责任报告编写指南》	香港联合交易所《环境、社会及管治报告指引》	国资委《关于中央企业履行社会责任的指导意见》	上海证券交易所《公司履行社会责任的报告编制指引》	上海证券交易所《上市公司环境信息披露指引》	中国银行业协会《中国银行业金融机构企业社会责任指引》	中国银监会《关于加强银行业金融机构社会责任的意见》	中国工业经济联合会等《中国工业企业及工业协会社会责任指南》	国家标准《社会责任指南》	中国电子工业标准化技术协会《电子信息行业社会责任指南》	深圳证券交易所《上市公司社会责任指引》	国资委《关于国有企业更好履行社会责任的指导意见》	上海证券交易所《关于加强上市公司社会责任承担工作的通知》	深圳证券交易所《主板上市公司规范运作指引》	ISO 26000	联合国全球契约	联合国可持续发展目标	AA 1000标准
国家开发投资公司	√	√															√		√	
中国五矿集团公司	√				√						√						√	√		
中国石油天然气集团公司	√	√	√														√			
中国南方电网有限责任公司	√	√	√		√					√										
中国商用飞机有限责任公司	√	√	√														√	√		
上海诺基亚贝尔股份有限公司	√	√	√														√	√		
中国中化集团公司	√	√	√		√												√	√		

续表

企业名	GRI	中国社会科学院《中国企业社会责任报告编写指南》	国家标准《社会责任报告编写指南》	香港联合交易所《环境、社会及管治报告指引》	国资委《关于中央企业履行社会责任的指导意见》	上海证券交易所《公司履行社会责任的报告编制指引》	上海证券交易所《上市公司环境信息披露指引》	中国银行业协会《中国银行业金融机构企业社会责任指引》	中国银监会《关于加强银行业金融机构社会责任的意见》	中国工业经济联合会等《中国工业企业及工业协会社会责任指南》	国家标准《社会责任指南》	中国电子工业标准化技术协会《电子信息行业社会责任指南》	深圳证券交易所《上市公司社会责任指引》	国资委《关于国有企业更好履行社会责任的指导意见》	上海证券交易所《关于加强上市公司社会责任承担工作的通知》	深圳证券交易所《主板上市公司规范运作指引》	ISO 26000	联合国全球契约	联合国可持续发展目标	AA 1000标准
中国海洋石油总公司	√	√			√									√			√	√	√	
中国广核集团有限公司	√	√	√		√												√			
中国船舶重工股份有限公司	√	√	√		√	√											√			
中国核能电力股份有限公司	√	√			√		√													
华能国际电力股份有限公司	√			√																
中国建筑股份有限公司	√	√	√		√	√								√			√			
中国国际航空股份有限公司	√		√	√	√		√								√					

续表

企业名	GRI	中国社会科学院《中国企业社会责任报告编写指南》	国家标准《社会责任报告编写指南》	香港联合交易所《环境、社会及管治报告指引》	国资委《关于中央企业履行社会责任的指导意见》	上海证券交易所《公司履行社会责任的报告编制指引》	上海证券交易所《上市公司环境信息披露指引》	中国银行业协会《中国银行业金融机构企业社会责任指引》	中国银监会《关于加强银行业金融机构社会责任的意见》	中国工业经济联合会等《中国工业企业及工业协会社会责任指南》	国家标准《社会责任指南》	中国电子工业标准化技术协会《电子信息行业社会责任指南》	深圳证券交易所《上市公司社会责任指引》	国资委《关于国有企业更好履行社会责任的指导意见》	上海证券交易所《关于加强上市公司社会责任承担工作的通知》	深圳证券交易所《主板上市公司规范运作指引》	ISO 26000	联合国全球契约	联合国可持续发展目标	AA 1000标准
中国南方航空股份有限公司	√		√	√		√								√						
招商局蛇口工业区控股股份有限公司	√		√										√							
中国石油化工股份有限公司	√			√			√											√		
中国石油天然气股份有限公司	√			√		√												√	√	
中国联合网络通信股份有限公司	√	√	√	√		√								√						
合计（份）	106	60	36	28	25	22	21	11	10	9	9	5	5	4	4	3	54	20	8	2

资料来源：笔者根据各CSR报告整理。

GRI 负责人谈话以及有关调查报告显示，全球范围内参照 GRI 指南编写的报告比例在逐年增加。如前 GRI 全球首席执行官恩斯特·里格特瑞恩根（Ernst Ligteringe）在 2012 年接受采访时指出，在世界 250 强企业中，按照 GRI 指南编写报告的企业占比非常大，且在中国采用 GRI 指南编写报告的企业也在逐年增加（蒋安丽，2012）。其他调查结果也显示，2000～2012 年全球报告采用 GRI 指南编写的比例持续上升，在 2012 年，已有超过 40% 的报告编报时参照了该指南（Corporate Register，2013）。

国内研究人士在研究中也发现 G4 在中国企业编制 CSR 报告中被广泛使用。黄取情等（2016）针对 2011～2015 年在参照相关指南编写的报告进行调查后发现，使用 GRI 指南进行编写的报告数在历年都位居第一，并指出随着 G4 的推行，G4 与 G3、G3.1 处于新旧指南交替期间，参照 G3 和 G3.1 的报告数量自 2014 年开始递减，而参照 G4 的报告数量开始增加，由 2014 年的 58 份增加到 2015 年的 89 份，其在不同版本 GRI 指南报告总数中对应的占比也在增加。殷格非等（2018）针对中国企业社会责任报告 1433 份的报告编制参照依据进行统计显示，G4 为被参照最多的依据。

此外，张正勇（2016）就 CSR 报告编制依据方面，国际有影响力的两个标准（G4、ISO 26000）、国内的三个标准［第三方评级机构润灵环球责任评级《润灵环球 MCT 社会责任报告评级体系（2012）》、商道纵横《企业社会责任报告关键定量指标指引》（1.0 版本）、金蜜蜂企业发展研究中心《金蜜蜂企业社会责任报告评估体系》（GB-CRAS 2009）］和一个编写指南［中国社会科学院经济学部企业社会责任研究中心《中国企业社会责任报告编写指南》（CASS-CSR2.0），以及国内的行业性、区域性的四个编写指南：深圳证券交易所（以下简称“深交所”）《上市公司社会责任指引》、上海证券交易所（以下简称“上交所”）《上市公司环境信息披露指引》、中国工业经济联合会（以下简称“中国工经联”）等

《中国工业企业及工业协会社会责任指南》（第二版）、国资委《关于中央企业履行社会责任的指导意见》]，整理出实质性社会责任披露项目进行对比，结果表明 G4 比较全面，几乎涵盖了国内标准中的所有披露项目。同时，他还指出 G4 是国际上得到广泛认可的 CSR 报告编写指南，其通用性强、影响范围大，大多数的 CSR 报告编写都会参照该标准。

目前，在国内有较为广泛应用的社会责任报告依据接近 20 种，其中最具有全球性的依据分别是 GRI、ISO 26000、联合国全球契约、联合国可持续发展目标、AA 1000 标准。GRI 倡导的内容并不排斥其他指南，而是与之共进。GRI 以外 ISO 26000、联合国全球契约、联合国可持续发展目标等也都不是刻意取代现有倡议、标准和指南等工具，而是追求各工具之间的共融关系。

图 5 -5 显示，国际标准中，参照 ISO 26000 有 54 份，占样本总量的 50.9%；参照联合国全球契约有 20 份，占样本总量的 18.9%；参照联合

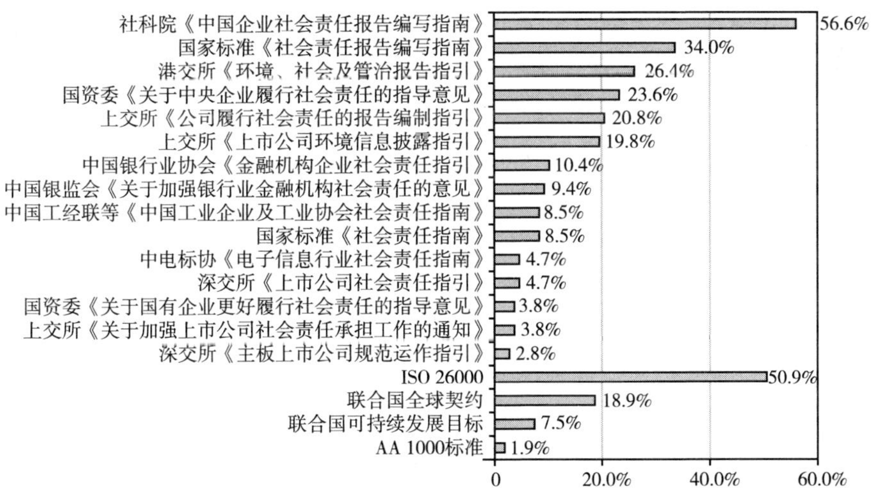

图 5 -5　106 份报告参考的 GRI 以外编制依据

资料来源：笔者根据各 CSR 报告整理。

国可持续发展目标和 AA 1000 标准分别为 8 份和 2 份，分别占样本总量的 7.5% 和 1.9%。

国内标准中，参照较多的依据为社科院《中国企业社会责任报告编写指南（CASS-CSR3.0）》[①]，共有 60 份，占样本总量的 56.6%。在其他研究中，也有呈现类似结果。黄取情等（2016）调查了 2011～2015 年在参照相关指南编写的报告后发现，社科院《中国企业社会责任报告编写指南》历年都仅次于 GRI，位居第二位。殷格非等（2018）针对中国企业社会责任报告 1433 份的报告编制参照依据进行统计显示，CASS-CSR3.0 是国内标准中被参照最多的。同时，他们研究还显示 CASS-CSR3.0 在所有参照依据中仅次于 GRI，位列第二位。

此外参照较多的是国家标准《社会责任报告编写指南》，有 36 份，占样本总量的 34.0%。占样本总量超过 20% 的标准有港交所《环境、社会及管治报告指引》、国资委《关于中央企业履行社会责任的指导意见》和上交所《公司履行社会责任的报告编制指引》，分别为 28 份、25 份和 22 份，分别占样本总量的 26.4%、23.6% 和 20.8%。占到样本总量 10%～20% 的标准有上交所《上市公司环境信息披露指引》和中国银行业协会《中国银行业金融机构企业社会责任指引》。而中国银监会《关于加强银行业金融机构社会责任的意见》、中国工经联等《中国工业企业及工业协会社会责任指南》、深交所《上市公司社会责任指引》等标准的样本总量占比均低于 10%。此外，部分企业参照了企业自身或所属行业等制定的相关标准[②]。

---

① 一部分报告参照了 CASS-CSR1.0、CASS-CSR2.0 或 CASS-CSR4.0。

② 参照企业自身制定的标准，如海南航空控股股份有限公司依据《海航集团企业社会责任 2015—2017 年发展规划》；参照所属行业制定的标准，如上海复星医药（集团）股份有限公司依据中国医药企业管理协会发布的《中国医药企业社会责任实施指南》等。

5.1.2.4　报告点评、评级或审验

企业编制 CSR 报告的目的是披露利益相关者关心的信息，在此基础上通过外部机构点评、评级或审验，有利于促进报告中所涉及信息的可靠性，帮助企业改善与利益相关者之间的沟通，以便提升社会责任管理的水平。李正和李增泉（2012）曾以沪深两市 2009 ~ 2010 年的 940 家公司为样本，研究发现 CSR 报告经过第三方鉴证能向市场传递积极信息，引起市场的正向反应。孙岩（2012）通过研究 CSR 报告中的第三方鉴证对 CSR 信息价值的影响路径，发现采用第三方鉴证会提高个体投资者对企业履行社会责任情况的评价，最终会提高个体投资者的投资意愿。针对外部机构点评、评级或审验，并没有强制性要求，也正因为如此，自愿地在报告中引入此项内容，可被视为报告质量的一种提高。106 份报告中经第三方审验的报告有 24 份，占比 22.6%，可以发现大部分报告都无专业机构审验（见图 5 - 6）。黎友焕和刘延平（2011）也在较早阶段，指出了我国的 CSR 报告存在着诸如 CSR 范围界定不一致、没有统一编报标准、披露内容过于行业化、大多数缺乏独立的第三方审验等问题。此外，被调

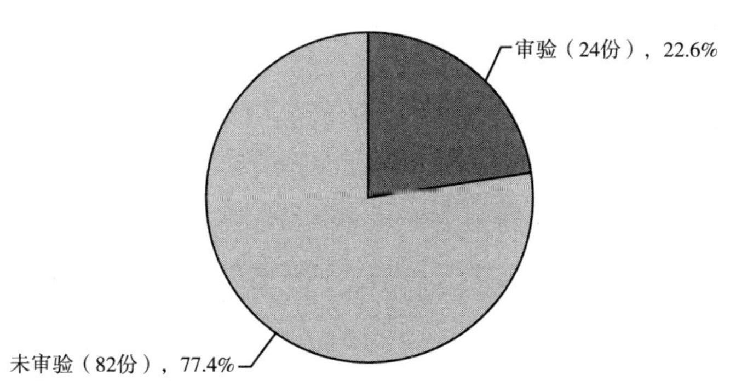

图 5 - 6　报告审验情况

资料来源：笔者根据各 CSR 报告整理。

查的106份报告是否接受了第三方点评、评价或审验中一项或一项以上的情况，结果显示有48份，占比45.3%（见图5-7）。

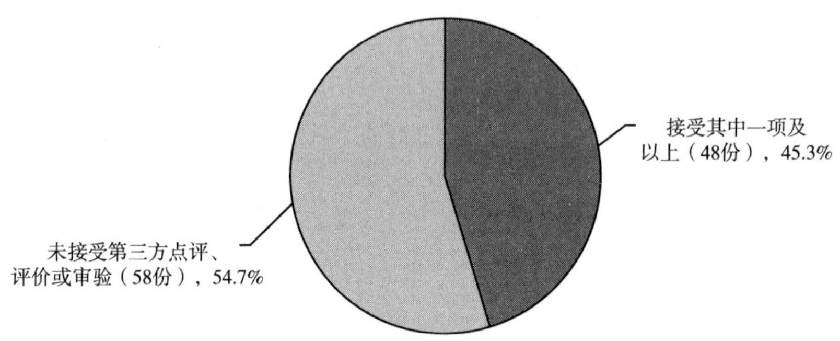

图5-7　报告经第三方点评、评价或审验情况

资料来源：笔者根据各CSR报告整理。

5.2　企业社会责任信息披露评价结果

5.2.1　评价结果总体分析

5.2.1.1　总体情况

106家样本企业的整体平均得分率为49.87%。

5.2.1.2　得分率分析

从CSR信息披露评价得分率的分组结果来看（见表5-2），106家样本企业评价得分率大多集中于30%～40%、40%～50%、50%～60%三个区间，分别占到样本总量的20%以上。其中，评价得分率在50%～60%的比重最高，达到了22.64%；评价得分率小于20%和20%～30%

区间的占比分别为 0.94% 和 9.43%，即得分率小于 30% 的企业合计占比为 10.37%；评价得分率在 60% ~70% 和 70% ~80% 两个区间的企业数量分别为 13 家和 9 家，占比分别为 12.27% 和 8.49%，即评价得分率在 60% ~80% 区间的企业合计超过了 20.00%，评价得分率在 80% ~90% 区间的企业占比大幅度降至 3.77%，而评价得分率大于 90% 的企业占比仅为 0.94%。

表 5 -2　　CSR 信息披露评价得分率区间分布

评价得分率	企业数（家）	百分比（%）	累计百分比（%）
得分率 <20%	1	0.94	0.94
20% ≤得分率 <30%	10	9.43	10.37
30% ≤得分率 <40%	22	20.76	31.13
40% ≤得分率 <50%	22	20.76	51.89
50% ≤得分率 <60%	24	22.64	74.53
60% ≤得分率 <70%	13	12.27	86.80
70% ≤得分率 <80%	9	8.49	95.29
80% ≤得分率 <90%	4	3.77	99.06
得分率 ≥90%	1	0.94	100
合计	106	100	—

资料来源：笔者根据各 CSR 报告整理。

5.2.2　各层面结果分析

5.2.2.1　报告结构

106 家样本企业的报告结构的整体平均得分率为 65.27%。报告结构主要从战略与分析、组织概况、已确定的实质性方面与边界、利益相关方参与、报告概况、治理、商业伦理与诚信 7 个类别进行评价。其中，

"战略与分析"和"利益相关方参与"平均得分率较高，分别为93.40%和91.27%；"组织概况"和"报告概况"平均得分率也相对较高，分别为85.92%与82.39%；"商业伦理与诚信"和"已确定的实质性方面与边界"平均得分率分别为76.73%和70.35%；"治理"平均得分率最低，仅为37.01%。"治理"包括治理架构与组成、最高管理机构在设定目标、价值观和战略方面的作用、最高管理机构的能力和绩效评估、最高管理机构在风险管控方面的作用、最高管理机构在评估经济、环境和社会绩效方面的作用、薪酬与激励，企业在这些事项方面有待提高（见表5-3）。

表5-3　106家样本企业的报告结构得分情况

变量	类别							
	战略与分析	组织概况	已确定的实质性方面与边界	利益相关方参与	报告概况	治理	商业伦理与诚信	合计
指标个数（个）	2	14	7	4	6	22	3	58
平均得分（分）	1.87	12.03	4.92	3.65	4.94	8.14	2.30	37.86
平均得分率（%）	93.40	85.92	70.35	91.27	82.39	37.01	76.73	65.27

资料来源：笔者根据各CSR报告整理。

企业在实施社会责任行为时，建立责任治理机制既是企业需要采取的措施之一，也是提高企业履行社会责任行为绩效的有效手段。斯特兰德（Strand，2013）强调公司治理结构中完善CSR的管理机制对CSR的发展非常重要，企业需强化相关管理机制的建设。也有研究揭示了中国企业在责任管理方面的问题。黄群慧等（2017）研究2011年以来，中国企业责任管理指数整体呈上升趋势，分别为2011年14.5分，2012年18.5分，2013年21.0分，2014年35.8分，2015年37.9分。但至2015年以来呈现下降趋势，由2015年的37.9分下降到2016年的36.4分，下降了1.5分，紧接着由2016年的36.4分又下降到2017年的35.8分，下降了0.6分。说明中国企业对推动社会责任融入企业运营重视程度有所减弱，今后在责任治理建设方面有待加强。

5.2.2.2　经济

106家样本企业的经济（合计9个指标）平均得分率为49.58%。经济层面从经济绩效、市场表现、间接经济影响、采购行为4个类别进行考察，其中“经济绩效”考察企业创造和分配的直接经济价值；企业因气候变化而采取的行动对财务产生的影响及其他风险和机会；企业固定收益型养老金所负担资金的覆盖范围；政府给予企业的财务补贴，这4个指标平均得分率为46.93%。“市场表现”考察按性别划分的工资起薪水平与组织重要业务运营网点当地的最低薪资水平的比例；企业在重要业务运营网点聘用当地社区高层管理岗位所占的比例这两个指标，平均得分率为31.13%。“间接经济影响”考察基础设施投资与支援服务的展开和影响；说明显著的间接经济影响，包括影响的程度这两个指标，平均得分率为76.89%，大部分企业重视披露这方面的信息。“采购行为”考察组织重要业务运营网点向本地供应商采购支出的比例这个指标，平均得分率为42.45%（见表5-4）。

表5-4　106家样本企业的经济层面得分情况

变量	类别				
	经济绩效	市场表现	间接经济影响	采购行为	合计
指标个数（个）	4	2	2	1	9
平均得分（分）	1.88	0.62	1.54	0.42	4.46
平均得分率（%）	46.93	31.13	76.89	42.45	49.58

资料来源：笔者根据各CSR报告整理。

根据三重底线理论，企业首先要履行的是经济责任，以支持企业的发展。企业在维持自然资源可持续利用的基础上，通过科技创新，把资源节约和环境友好作为企业经营的主要方式，把保障和改善经济质量作为企业经营的主要目标。在纳税方面，企业拖欠税款的原因除了企业经营不善等原因以外，纳税意识淡薄也可能成为企业拖欠税款的原因之一。众所周知，政府在社会资源配置方面发挥主导作用，企业履行对政府责任有利于获取更多的资源，从而为自身发展提供支撑。企业对政府的社会责任主要有合法经营和依法纳税等，此类行为可以为企业建立良好的诚信记录，诚信度高的企业也容易赢得社会的认可。许多投资机构也较愿意对诚信度高的企业进行投资，从而扩展企业融资渠道，优化企业发展环境，对企业发展有着重要意义。在采购方面，企业若损害与供应商的合作关系，有可能造成供应商延期交货甚至中断合作等，对企业正常经营活动产生影响，从而影响企业价值。企业承担对供应商的责任，能够赢得供应商的信任，从而保障了即便企业在短期内资金短缺的情况下也能得到充足的原料供给，维持企业的正常生产和运营。

5.2.2.3 环境

106 家样本企业的环境（合计 34 个指标）平均得分率为 38.29%。环境主要包括物料、能源、水、生物多样性、废气排放、污水及废弃物、产品及服务、遵纪守法、交通运输、环境整体情况、供应商环境评估、环境问题申诉机制 12 个类别，各方面的得分率如表 5－5 所示。

表 5－5　　　　106 家样本企业的环境层面得分情况

变量	类别												
	物料	能源	水	生物多样性	废气排放	污水及废弃物	产品及服务	遵纪守法	交通运输	环境整体情况	供应商环境评估	环境问题申诉机制	合计
指标个数（个）	2	5	3	4	7	5	2	1	1	1	2	1	34
平均得分（分）	0.71	2.78	1.07	1.17	2.51	1.29	1.01	0.40	0.39	0.57	0.90	0.22	13.02
平均得分率（%）	35.38	55.66	35.53	29.25	35.85	25.85	50.47	40.57	38.68	56.60	45.28	21.70	38.29

资料来源：笔者根据各 CSR 报告整理。

第一，“物料”涉及所用物料的重量或体积；所用物料中可再利用和可再循环的使用比重这两个指标，平均得分率为 35. 38%。

第二，“能源”涉及组织内部与外部的能源消耗量；能源消耗强度；削减的能源消耗量等 5 个指标，平均得分率为 55. 66%。

第三，“水”涉及按取水源头汇总的总耗水量；因取水而受显著影响的水源；可再循环和可再利用水的总量与比重这 3 个指标，平均得分率为 35. 53%。

第四，“生物多样性”涉及在环境保护区或环境保护区外具有重要生物多样性价值的区域或与其毗邻地区中拥有、租赁或管理的运营网点及占地面积；在保护区及保护区外具有重要生物多样性价值的区域中运营活动、产品及服务对生物多样性产生的显著影响；受保护或经修复的栖息地等 4 个指标，平均得分率为 29. 25%。

第五，“废气排放”涉及直接温室气体排放量；间接温室气体排放量；其他间接温室气体排放量；温室气体排放强度；温室气体排放的削减量；消耗臭氧层物质的排放量；氮氧化物、硫氧化物及其他主要气体的排放量这 7 个指标，平均得分率为 35. 85%。

第六，“污水及废弃物”涉及按水质及排放目的地划分的污水排放总量；按类别及处理方法划分的废弃物总重量；造成严重泄露的总次数及总量；按照《巴塞尔公约》附录Ⅰ、Ⅱ、Ⅲ、Ⅷ中规定的有害废弃物运输、进口、出口或处理的重量及跨境转移的废弃物中有害废弃物的百分比等 5 个指标，平均得分率为 25. 85%。

第七，“产品及服务”涉及降低产品及服务所致的环境影响程度；按类别划分可回收再利用的售出产品及其包装物料的百分比这两个指标，平均得分率为 50. 47%。

第八，“遵纪守法”涉及因违反环境法律法规而被处高额罚款的金额及所受非经济处罚的次数这 1 个指标，平均得分率为 40.57%。

第九，“交通运输”涉及因组织运营而运输产品、业务所使用的其他物品与物料运输及员工交通对环境造成的重大影响这 1 个指标，平均得分率为 38.68%。

第十，“环境整体情况”涉及按类别说明环境保护的总支出及总投资这 1 个指标，平均得分率为 56.60%。

第十一，“供应商环境评估”涉及根据环境标准筛选的新供应商的比例；供应链中对环境存在重大实际和潜在负面影响及所采取的措施这两个指标，平均得分率为 45.28%。

第十二，“环境问题申诉机制”涉及通过正式申诉机制提交、处理及解决的环境影响问题的申诉数量这 1 个指标，平均得分率为 21.70%。

如上所述，企业经营过程中需要资源和环境的支持，有可能对环境造成负面影响，甚至影响周边居民。包括供应链中的每一家企业作为一个利益共同体，必须共同承担责任。有研究表明，许多大型企业围绕环境方面，诸如环保材料及清洁技术应用等事项，帮助一些区域性的供应商企业建立和维护 CSR 体系，甚至通过项目的形式为供应链企业履行 CSR 提供支撑（Dou et al.，2014）。由此可以看出，企业在发展过程中，如果不能履行好自身应当承担的 CSR，便可能被排斥在供应链系统之外，企业就将面临被市场抛弃的风险。当今社会正面临着气候变化、环境污染等诸多环境问题的挑战。因此，企业也需要考虑增加环保投入、改进生产流程、降低污染物排放、提高资源利用效率，并积极披露有关环境信息，处理好环境保护和社会公益的关系，改善企业形象，以达到提高企业价值的目的。

5.2.2.4 社会

106 家样本企业的社会（合计 48 个指标）平均得分率为 39.52%。

社会从劳工实践与尊严劳动、人权、社会、产品责任四个层面进行考察。“劳工实践与尊严劳动”涉及雇佣、劳资关系、职业健康与安全、培训与教育、多元化与机会平等、男女同酬、供应商劳工实践评估、劳工问题申诉机制事项，平均得分率为49.59%。“人权”涉及投资、非歧视、结社自由与集体谈判、使用童工、强迫或强制劳动、安保措施、原住民权利、人权评估、供应商人权评估、人权问题申诉机制事项，平均得分率为27.75%。“社会”涉及当地社区、反腐败、公共政策、反竞争行为、遵纪守法、供应商社会影响评估、造成社会影响相关申诉机制事项，平均得分率为39.54%。“产品责任”涉及客户健康与安全、产品及服务标识、市场推广、客户隐私、遵纪守法等事项，平均得分率为37.32%。可以发现，“人权”的平均得分率相对较低，其信息披露还有待提升（见表5-6）。

表5-6　　106家样本企业的社会层面得分情况

变量	分层面				
	劳工实践与尊严劳动	人权	社会	产品责任	合计
指标个数（个）	16	12	11	9	48
平均得分（分）	7.93	3.33	4.35	3.36	18.97
平均得分率（%）	49.59	27.75	39.54	37.32	39.52

资料来源：笔者根据各CSR报告整理。

有关劳工实践与尊严劳动方面，这方面的责任是时时刻刻都存在的，不仅包括为劳动者提供报酬和补偿，还包括提供健康安全的就业环境以及平等的就业机会，健康安全的工作环境与有意义的工作可以满足劳动者自我实践的最高层次的需求。按照2008年1月开始实施的《中华人民共和国劳动合同法》，企业需要对劳动者承担社会责任，主要包括按照相关法律法规雇佣劳动者，并根据经济发展逐步提高薪酬水平、改善劳动条件，以及建立规范的劳动者教育培训制度和工会维护劳动者权益等。

在健康安全方面，按照《中华人民共和国劳动合同法》第五章“特别规定”第六十二条规定，用工单位应当履行“执行国家劳动标准，提供相应的劳动条件和劳动保护”义务。因此，企业有义务为员工提供健康、安全的工作环境和生活环境，保障员工职业健康，预防和减少职业病和其他疾病对员工的危害。

首先，企业对劳工履行责任会对劳工的工作绩效产生影响，有效履行社会责任能提高劳工忠诚度和满意度，并能降低劳工离职率，从而对企业价值产生正面影响。同时，披露对劳工履行社会责任信息还能吸引潜在应聘者，增加企业选择雇员的主动权，以达到提高企业价值的目的。针对劳工履行社会责任以及披露社会责任信息既能激励劳工，又能提高企业价值，构成了良性发展循环。其次，人权方面，企业有责任也有义务在其经营活动的范围内尊重和保障人权。企业维护人权的机会存在于许多方面，除员工以外还涉及供应商、同行或竞争对手之间，企业在自身发展过程中需要尊重其利益相关者的权利并进行积极的管理。再次，社会方面，企业在发展过程中需要利用社会的各种基础设施和资源，如通信、交通、能源等。社会为企业的生存提供了资源和服务，对企业运营和发展产生极大的影响。因此，企业须根据自身的条件，参与社区文化、教育等事业，支持社区的建设与发展，以实现企业和社区的共同繁荣。最后，产品方面，涵盖公平公正的销售手段、消费者权益保护、可持续消费以外，还包括为消费者提供具有健康和安全的产品和服务。

5.2.3 各层面结果分析对比

106 家样本企业（合计 134 个指标）平均得分率为 49.87%，其中，得分率最高的是报告结构（65.27%），其次为经济（49.58%），得分率第三的为社会（39.52%），环境（38.29%）在四个层面中得分率最低（见图5－8）。

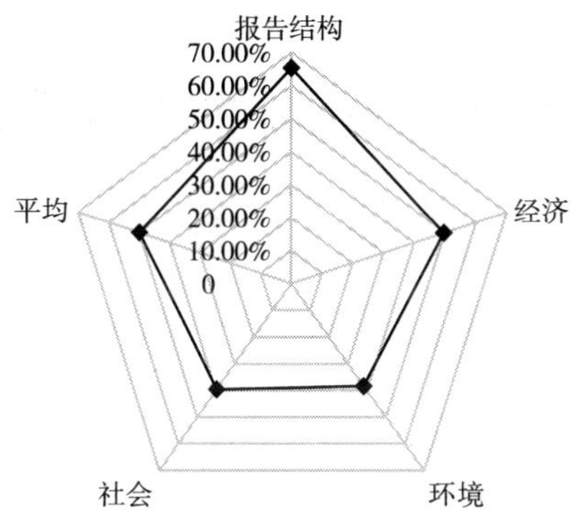

图5－8　106家样本企业的各层面得分率对比

资料来源：笔者根据各CSR报告整理。

第5章对收集的106家CSR报告进行了系统分析。接下来第6章和第7章分别从企业性质和行业两个维度对CSR信息披露情况进行了分组分析，分析的方法是采用相同的评价体系，以考察CSR信息披露的结构性特征。性质企业按照外商投资、民营、国有及国有控股分别进行分析，如前所述，三者的企业数分别为12家、25家和69家，占参评106家企业的比重分别是11.3%、23.6%和65.1%。行业按照制造业和金融业的企业分别进行分析，二者的企业数分别为37家和19家，占参评56家企业的比重分别是66.07%和33.93%。

第6章　中国不同性质的企业社会责任信息披露评价

6.1　外商投资企业的评价结果

6.1.1　外商投资企业社会责任报告评价结果总体分析

6.1.1.1　总体情况

外商投资企业（12家）的CSR信息披露整体平均得分率为43.06%。

6.1.1.2　得分率分析

从外商投资企业的CSR信息披露评价得分率的分组结果来看，12家样本企业评价得分率在40%~50%区间的比重最高，达到了33.33%；评价得分率在30%~40%和50%~60%两个区间的比重也相对较高，都占到样本总量的25.00%；评价得分率小于20%和大于60%的占比大幅度下降，都占到样本总量的8.33%。总体来看，得分率集中在30%~60%区间，达到10家，超过样本总量80.00%（见表6-1）。

表 6－1　　外商投资企业的评价得分率区间分布

评价得分率	企业数（家）	百分比（%）	累计百分比（%）
得分率<20%	1	8.33	8.33
20%≤得分率<30%	0	0	8.33
30%≤得分率<40%	3	25.00	33.33
40%≤得分率<50%	4	33.33	66.67
50%≤得分率<60%	3	25.00	91.67
60%≤得分率<70%	1	8.33	100
合计	12	100	—

注：“得分率<20%”百分比为 8.33%，“30%≤得分率<40%”百分比为 25.00%，“40%≤得分率<50%”百分比为 33.33%，得分率小于 50% 累计百分比为 66.666%，此处将“40%≤得分率<50%”的累计百分比表示为 66.67%。

资料来源：笔者根据各 CSR 报告整理。

6.1.2　各层面结果分析

6.1.2.1　报告结构

12 家外商投资企业报告结构的平均得分率为 55.75%。其中，“战略与分析”的平均得分率最高，为 91.67%；“组织概况”“利益相关方参与”和“报告概况”的平均得分率也相对较高，均达到 83.33%；“已确定的实质性方面与边界”和“商业伦理与诚信”的平均得分率分别为 78.57% 和 66.67%；“治理”的平均得分率最低，仅为 13.64%（见表 6－2）。

表 6－2　　外商投资企业的报告结构得分情况

变量	类别							
	战略与分析	组织概况	已确定的实质性方面与边界	利益相关方参与	报告概况	治理	商业伦理与诚信	合计
指标个数（个）	2	14	7	4	6	22	3	58
平均得分（分）	1.83	11.67	5.50	3.33	5.00	3.00	2.00	32.33
平均得分率（%）	91.67	83.33	78.57	83.33	83.33	13.64	66.67	55.75

资料来源：笔者根据各 CSR 报告整理。

6.1.2.2 经济

12 家外商投资企业在经济（合计 9 个指标）平均得分率为 37.04%。“经济绩效”“市场表现”“间接经济影响”“采购行为”对应的平均得分率分别为 39.58%、29.17%、50.00%、16.67%（见表 6－3）。可以看出，“市场表现”还有待提升。而“采购行为”更是低于 20%，还需加强和改进。

表 6－3　外商投资企业的经济层面得分情况

变量	类别				
	经济绩效	市场表现	间接经济影响	采购行为	合计
指标个数（个）	4	2	2	1	9
平均得分（分）	1.58	0.58	1.00	0.17	3.33
平均得分率（%）	39.58	29.17	50.00	16.67	37.04

资料来源：笔者根据各 CSR 报告整理。

6.1.2.3 环境

12 家外商投资企业的环境（合计 34 个指标）平均得分率为 37.50%。环境涉及 12 个类别的平均得分率分别为：物料（25.00%）、能源（58.33%）、水（33.33%）、生物多样性（8.33%）、废气排放（42.86%）、污水及废弃物（30.00%）、产品及服务（45.83%）、遵纪守法（25.00%）、交通运输（58.33%）、环境整体情况（50.00%）、供应商环境评估（58.33%）、环境问题申诉机制（8.33%）。可以发现，“生物多样性”和“环境问题申诉机制”的平均得分率均未为超过 10%，这两方面的信息披露有待加强（见表 6－4）。

表6－4　外商投资企业的环境层面得分情况

变量	类别												
	物料	能源	水	生物多样性	废气排放	污水及废弃物	产品及服务	遵纪守法	交通运输	环境整体情况	供应商环境评估	环境问题申诉机制	合计
指标个数（个）	2	5	3	4	7	5	2	1	1	1	2	1	34
平均得分（分）	0.50	2.92	1.00	0.33	3.00	1.50	0.92	0.25	0.58	0.50	1.17	0.08	12.75
平均得分率（%）	25.00	58.33	33.33	8.33	42.86	30.00	45.83	25.00	58.33	50.00	58.33	8.33	37.50

资料来源：笔者根据各CSR报告整理。

6.1.2.4　社会

12家外商投资企业在社会（合计48个指标）平均得分率为32.81%。环境涉及四个方面的平均得分率，只有“劳工实践与尊严劳动”超过40%，为43.23%，而其他三个层面“人权”“社会”“产品责任”的平均得分率均未超过30%，分别为29.17%、26.52%、26.85%（见表6－5）。

表6－5　外商投资企业的社会层面得分情况

变量	分层面				
	劳工实践与尊严劳动	人权	社会	产品责任	合计
指标个数（个）	16	12	11	9	48
平均得分（分）	6.92	3.50	2.92	2.41	15.75
平均得分率（%）	43.23	29.17	26.52	26.85	32.81

资料来源：笔者根据各CSR报告整理。

6.2 民营企业的评价结果

6.2.1 评价结果总体分析

6.2.1.1 总体情况

民营企业（25家）的CSR信息披露整体平均得分率为54.26%。

6.2.1.2 得分率分析

从民营企业的CSR信息披露评价得分率的分组结果来看（见表6-6），25家样本企业评价得分率在50%~60%区间的比重最高，达到了20.00%；60%~70%、70%~80%和80%~90%三个区间的企业占比分别为16.00%、12.00%和8.00%，加上评价得分率大于90%的企业占比为4.00%，即评价得分率高于50%的企业合计达到了60.00%；评价得分率在20%~30%和30%~40%两个区间之间的比重也相对较高，都占到样本总量的16.00%，即评价得分率低于在30%的企业合计达到了32.00%。

表6-6　民营企业的评价得分率区间分布

评价得分率	企业数（家）	百分比（%）	累计百分比（%）
20%≤得分率<30%	4	16.00	16.00
30%≤得分率<40%	4	16.00	32.00
40%≤得分率<50%	2	8.00	40.00
50%≤得分率<60%	5	20.00	60.00
60%≤得分率<70%	4	16.00	76.00
70%≤得分率<80%	3	12.00	88.00
80%≤得分率<90%	2	8.00	96.00
得分率≥90%	1	4.00	100
合计	25	100	—

资料来源：笔者根据各CSR报告整理。

6.2.2　各层面结果分析

6.2.2.1　报告结构

25 家民营企业报告结构的平均得分率为 66.62%。其中，“利益相关方参与”和“战略与分析”的平均得分率均超过了 90%，分别为 95.00% 和 90.00%；“组织概况”“报告概况”“商业伦理与诚信”的平均得分率也相对较高，分别达到 86.57%、83.33%、80.00%；“已确定的实质性方面与边界”的平均得分率为 71.43%；“治理”的平均得分率最低，仅为 38.73%（见表 6-7）。

表 6-7　民营企业的报告结构得分情况

变量	战略与分析	组织概况	已确定的实质性方面与边界	利益相关方参与	报告概况	治理	商业伦理与诚信	合计
指标个数（个）	2	14	7	4	6	22	3	58
平均得分（分）	1.80	12.12	5.00	3.80	5.00	8.52	2.40	38.64
平均得分率（%）	90.00	86.57	71.43	95.00	83.33	38.73	80.00	66.62

资料来源：笔者根据各 CSR 报告整理。

6.2.2.2　经济

25 家民营企业在经济（合计 9 个指标）平均得分率为 53.78%。其中“经济绩效”“市场表现”“间接经济影响”“采购行为”对应的平均得分率分别为 53.00%、34.00%、80.00%、44.00%，可以发现其在“间接经济影响”方面信息披露比较积极（见表 6-8）。

表 6 – 8　　民营企业的经济层面得分情况

变量	经济绩效	市场表现	间接经济影响	采购行为	合计
指标个数（个）	4	2	2	1	9
平均得分（分）	2.12	0.68	1.60	0.44	4.84
平均得分率（%）	53.00	34.00	80.00	44.00	53.78

资料来源：笔者根据各 CSR 报告整理。

6.2.2.3　环境

25 家民营企业的环境（合计 34 个指标）平均得分率为 41.18%。环境涉及的 12 个类别中“产品及服务”“遵纪守法”“能源”“交通运输”的平均得分率均超过了 50%，分别为 66.00%、56.00%、53.60%、52.00%；而“环境整体情况”（48.00%）、“供应商环境评估”（48.00%）、“水”（41.33%）、“污水及废弃物”（38.40%）、“物料”（38.00%）、“环境问题申诉机制”（32.00%）、“生物多样性”（31.00%）、“废气排放”（28.57%）的平均得分率均低于 50%（见表 6 – 9）。

表 6 – 9　　民营企业的环境层面得分情况

变量	物料	能源	水	生物多样性	废气排放	污水及废弃物	产品及服务	遵纪守法	交通运输	环境整体情况	供应商环境评估	环境问题申诉机制	合计
指标个数（个）	2	5	3	4	7	5	2	1	1	1	2	1	34
平均得分（分）	0.76	2.68	1.24	1.24	2.00	1.92	1.32	0.56	0.52	0.48	0.96	0.32	14.00
平均得分率（%）	38.00	53.60	41.33	31.00	28.57	38.40	66.00	56.00	52.00	48.00	48.00	32.00	41.18

资料来源：笔者根据各 CSR 报告整理。

6.2.2.4　社会

25 家民营企业在社会层面（合计 48 个指标）平均得分率为 48.67%。其中“劳工实践与尊严劳动”“社会”“产品责任”的平均得分率接近或超过50%，对应的评价情况分别为53.25%、50.91%、49.78%；“人权”的平均得分率略低，为39.67%（见表6-10）。

表6-10　　民营企业的社会层面得分情况

变量	劳工实践与尊严劳动	人权	社会	产品责任	合计
指标个数（个）	16	12	11	9	48
平均得分（分）	8.52	4.76	5.60	4.48	23.36
平均得分率（%）	53.25	39.67	50.91	49.78	48.67

资料来源：笔者根据各CSR报告整理。

6.3　国有及国有控股企业的评价结果

6.3.1　评价结果总体分析

6.3.1.1　总体情况

国有及国有控股企业（69家）的CSR信息披露整体平均得分率为49.47%。

6.3.1.2　得分率分析

从国有及国有控股企业的CSR信息披露评价得分率的分组结果来看，69家样本企业评价得分率大多集中于30%~40%、40%~50%、50%~60%三个区间，分别占到样本总量的21.74%、23.19%、23.19%；评价得分率在60%~70%区间的企业占比为11.59%；评价得分率在20%~30%和70%~80%两个区间的企业占比大幅度降至8.69%[①]；而评价得

① 这里将“20≤得分率<30%”的百分比表示为8.70%。

分率在 80% ~90% 区间的企业占比仅为 2.90% （见表 6 – 11）。

表 6 – 11　　国有及国有控股企业的评价得分率区间分布

评价得分率	企业数（家）	百分比（%）	累计百分比（%）
20% ≤得分率 <30%	6	8.70	8.70
30% ≤得分率 <40%	15	21.74	30.44
40% ≤得分率 <50%	16	23.19	53.63
50% ≤得分率 <60%	16	23.19	76.82
60% ≤得分率 <70%	8	11.59	88.41
70% ≤得分率 <80%	6	8.69	97.10
80% ≤得分率 <90%	2	2.90	100
合计	69	100	—

资料来源：笔者根据各 CSR 报告整理。

6.3.2　各层面结果分析

6.3.2.1　报告结构

69 家国有及国有控股企业报告结构的平均得分率为 66.44%。其中，“战略与分析”和“利益相关方参与”的平均得分率均超过了 90%，分别为 94.93% 和 91.30%；“组织概况”和“报告概况”的平均得分率也相对较高，分别达到 86.13% 和 81.88%；“商业伦理与诚信”和“已确定的实质性方面与边界”的平均得分率分别为 77.29% 和 68.53%；“治理”的平均得分率最低，为 40.45%（见表 6 – 12）。

表 6 – 12　　国有及国有控股企业的报告结构得分情况

变量	战略与分析	组织概况	已确定的实质性方面与边界	利益相关方参与	报告概况	治理	商业伦理与诚信	合计
指标个数（个）	2	14	7	4	6	22	3	58
平均得分（分）	1.90	12.06	4.80	3.65	4.91	8.90	2.32	38.54
平均得分率（%）	94.93	86.13	68.53	91.30	81.88	40.45	77.29	66.44

资料来源：笔者根据各 CSR 报告整理。

6.3.2.2　经济

69家国有及国有控股企业在经济（合计9个指标）方面平均得分率为50.24%。其中“经济绩效”“市场表现”“间接经济影响”“采购行为”对应的平均得分率分别为46.01%、30.43%、80.43%、46.38%，相对于其他3个类别，“市场表现”信息披露程度略低（见表6-13）。

表6-13　国有及国有控股企业的经济层面得分情况

变量	经济绩效	市场表现	间接经济影响	采购行为	合计
指标个数（个）	4	2	2	1	9
平均得分（分）	1.84	0.61	1.61	0.46	4.52
平均得分率（%）	46.01	30.43	80.43	46.38	50.24

资料来源：笔者根据各CSR报告整理。

6.3.2.3　环境

69家国有及国有控股企业的环境（合计34个指标）平均得分率为37.38%。环境12个类别中，平均得分率均超过50%的只有“环境整体情况”和“能源”，分别为60.87%和55.94%；平均得分率低于50%的有“产品及服务”“供应商环境评估”“遵纪守法”“废气排放”“物料”“水”“生物多样性”“交通运输”，分别为45.65%、42.03%、37.68%、37.27%、36.23%、33.82%、32.25%、30.43%，尤其是“污水及废弃物”和“环境问题申诉机制”仅分别为20.58%和20.29%，此类信息披露还有待加强（见表6-14）。

表6-14　国有及国有控股企业的环境层面得分情况

变量	物料	能源	水	生物多样性	废气排放	污水及废弃物	产品及服务	遵纪守法	交通运输	环境整体情况	供应商环境评估	环境问题申诉机制	合计
指标个数（个）	2	5	3	4	7	5	2	1	1	1	2	1	34
平均得分（分）	0.72	2.80	1.01	1.29	2.61	1.03	0.91	0.38	0.30	0.61	0.84	0.20	12.71
平均得分率（%）	36.23	55.94	33.82	32.25	37.27	20.58	45.65	37.68	30.43	60.87	42.03	20.29	37.38

资料来源：笔者根据各CSR报告整理。

6.3.2.4 社会

69 家国有及国有控股企业在社会（合计 48 个指标）平均得分率为 37.38%。其中“劳工实践与尊严劳动”的平均得分率略高，为 49.37%；其他三个层面“人权”“社会”“产品责任”的平均得分率都低于 40.00%，对应的平均得分率分别为 23.19%、37.68%、34.62%（见表 6－15）。

表 6－15　国有及国有控股企业的社会层面得分情况

变量	劳工实践与尊严劳动	人权	社会	产品责任	合计
指标个数（个）	16	12	11	9	48
平均得分（分）	7.90	2.78	4.14	3.12	17.94
平均得分率（%）	49.37	23.19	37.68	34.62	37.38

资料来源：笔者根据各 CSR 报告整理。

6.4 不同性质企业的评价结果对比分析

6.4.1 评价结果对比分析

6.4.1.1 得分率区间对比分析

从图 6－1 可以看出，CSR 信息披露情况存在比较明显的差别。从各企业性质 CSR 信息披露综合评价得分率的均值来看，外商投资企业在 40%～50% 区间占比最突出，为 33.33%；民营企业在 50%～60% 区间的企业占比相对较重，为 20.00%；而国有及国有控股企业在 30%～40%、40%～50%、50%～60% 三个区间的占比较高。

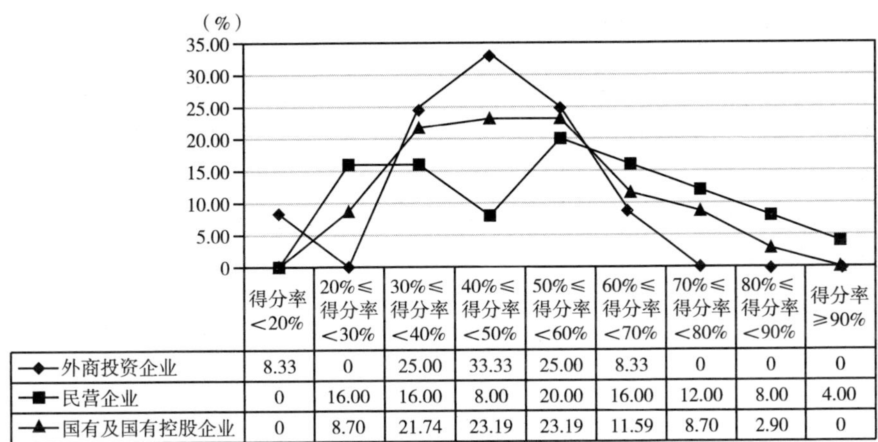

	得分率<20%	20%≤得分率<30%	30%≤得分率<40%	40%≤得分率<50%	50%≤得分率<60%	60%≤得分率<70%	70%≤得分率<80%	80%≤得分率<90%	得分率≥90%
外商投资企业	8.33	0	25.00	33.33	25.00	8.33	0	0	0
民营企业	0	16.00	16.00	8.00	20.00	16.00	12.00	8.00	4.00
国有及国有控股企业	0	8.70	21.74	23.19	23.19	11.59	8.70	2.90	0

图6-1　不同性质企业的CSR信息披露评价得分率区间对比

资料来源：笔者根据各CSR报告整理。

6.4.1.2　得分率区间累计对比分析

从图6-2可以看出，CSR信息披露评价得分率区间累计方面存在比较明显的差别。首先，评价得分率超过70%的企业占比中，民营企业有6

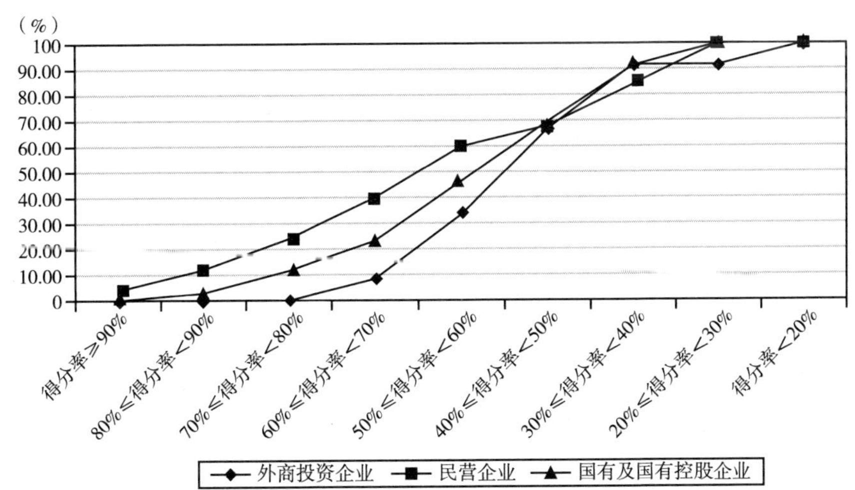

图6-2　不同性质企业的CSR信息披露评价得分率区间累计对比

资料来源：笔者根据各CSR报告整理。

家，占到25家民营企业样本总量的24.00%；国有及国有控股企业有8家，占到69家国有及国有控股企业样本总量的11.59%，而外商投资企业则为0。可以看出，在得分率较高段位中，相对于国有及国有控股企业、外商投资企业而言，民营企业占比最高。

其次，从各企业性质CSR信息披露综合评价得分率超过50%的企业占比来看，民营企业、国有及国有控股企业相对较高，比重分别达到了60.00%和46.38%；而外商投资企业最低，仅为33.33%。

6.4.2 各层面结果对比分析

6.4.2.1 报告结构

外商投资企业、民营企业、国有及国有控股企业报告结构的平均得分率分别为55.75%、66.62%、66.44%（见图6-3）。针对报告结构各类别的分析结果如下：

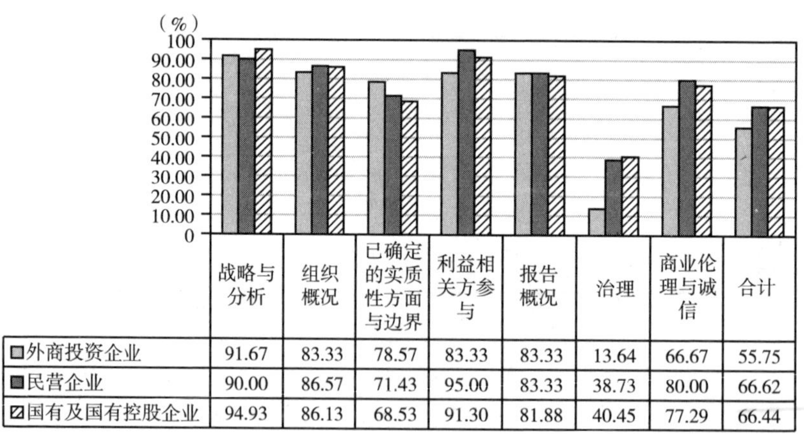

	战略与分析	组织概况	已确定的实质性方面与边界	利益相关方参与	报告概况	治理	商业伦理与诚信	合计
外商投资企业	91.67	83.33	78.57	83.33	83.33	13.64	66.67	55.75
民营企业	90.00	86.57	71.43	95.00	83.33	38.73	80.00	66.62
国有及国有控股企业	94.93	86.13	68.53	91.30	81.88	40.45	77.29	66.44

图6-3 不同性质企业“报告结构”平均得分率

资料来源：笔者根据各CSR报告整理。

第一，战略与分析。“战略与分析”包括组织最高决策者（如首席执行官、董事长或与其相当的高级职位）就组织的可持续发展的相关性及组织的可持续性发展战略所作的声明，以及关于主要影响、风险及机遇的说明。可以发现，企业重视对“战略与分析”方面信息的披露，三者的平均得分率均达到或超过90%，尤其是国有及国有控股企业达到94.93%。

第二，组织概况。总体而言，三者都较为重视组织名称、主要品牌、产品及服务、总部所在地、主要运营点、所有权性质与法律形式、所服务的市场、规模，以及组织是否采取预防措施或原则及对应机制；组织签署或支持的外界制定的经济、环境和社会公约、原则或其他倡议等“组织概况”方面的信息披露，平均得分率均超过80%。

第三，已确定的实质性方面与边界。“已确定的实质性方面与边界”涉及内容较为广泛，主要涵盖组织的联合财务报表或其他同等性质文件中所涉及的所有实体；说明界定报告内容和方面边界的流程；说明修订前期报告所提供信息的影响及修订的原因；说明报告的范围、方面的边界与此前报告期间的重大变动等事项。三者中外商投资企业相对重视“已确定的实质性方面与边界”方面的信息披露，平均得分率为78.57%。

第四，利益相关方参与。“利益相关方参与”包括识别及选定组织参与的利益相关方的依据；利益相关方参与组织的途径；利益相关方参与的过程中提出的主要议题和顾虑及组织回应的方式等内容。大部分企业重视对利益相关方进行集中说明以及对利益相关方沟通渠道和方式等信息的披露，尤其民营企业最为积极，这方面平均得分率更是达到95.00%。

第五，报告概况。超过80%的报告披露了所提供信息的报告期；最近一份报告的日期；报告或报告内容的有关问题可咨询的联络人；为报告寻求外部审验的政策及目前的做法等“报告概况”信息。总体而言，三者都比较重视披露这方面的信息。

第六，治理。在报告结构中“治理”涉及的内容最为广泛，包括组织的治理架构；利益相关方和最高管理机构之间就经济、环境和社会主题进行磋商的过程；最高管理机构及其委员会的构成；最高管理机构及其委员会的提名和甄选程序；对最高管理机构管理经济、环境和社会主题绩效进行评估的流程；在界定及管理经济、环境和社会的影响、风险和机遇方面，最高管理机构的作用；在对组织有关经济、环境和社会主题的风险管控流程的有效性进行评估时，最高管理机构发挥的作用；最高管理机构及高级管理层提供的薪酬方针；决定薪酬的流程等内容。可以发现，在报告结构的7个类别中，“治理”的信息披露状况都欠佳，尤其是外商投资企业的平均得分率仅为13.64%。今后三者在“治理”的信息披露都有待加强。

第七，商业伦理与诚信。“商业伦理与诚信”包括3个指标，分别是组织的价值观、理念及行动基准、规范；针对商业伦理、法律行为及诚信的相关事项提出建议而在组织内外设立的制度；针对违反商业伦理或法律行为的疑问及为了通报组织诚信的相关事项而在组织内外设立的制度。可以看出，民营企业在这方面披露信息较为积极，平均得分率达到80.00%。

6.4.2.2 经济

从图6－4可以看出，不同性质企业中，在经济层面（合计9个指标）以及经济绩效、市场表现、间接经济影响、采购行为4个类别中，外商投资企业的平均得分率皆为最低。此外，可以发现民营企业、国有及国有控股企业重视披露“间接经济影响”方面的信息。而三者在“市场表现”方面还有待提升。

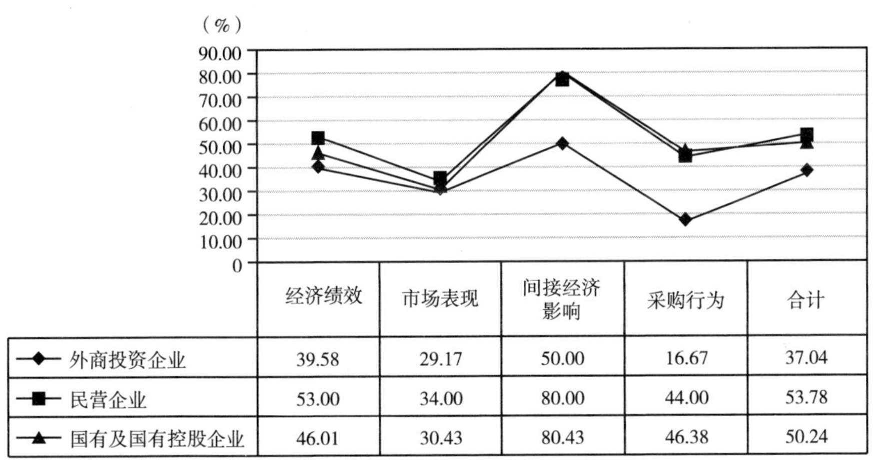

	经济绩效	市场表现	间接经济影响	采购行为	合计
外商投资企业	39.58	29.17	50.00	16.67	37.04
民营企业	53.00	34.00	80.00	44.00	53.78
国有及国有控股企业	46.01	30.43	80.43	46.38	50.24

图6-4　不同性质企业“经济”平均得分率

资料来源：笔者根据各CSR报告整理。

6.4.2.3　环境

环境层面（合计34个指标）中，三者的平均得分率差距不大，民营企业略突出。在各层面的得分率，外商投资企业在“能源”“废气排放”“交通运输”“供应商环境评估”方面要高于民营企业、国有及国有控股企业；而民营企业在“物料”“水”“污水及废弃物”“产品及服务”“遵纪守法”“环境问题申诉机制”6个类别要略胜一筹；国有及国有控服企业只在“生物多样性”和“环境整体情况”方面高于外商投资企业、民营企业。此外，可以看出，民营企业在“产品及服务”方面一枝独秀；外商投资企业在“生物多样性”和“环境问题申诉机制”方面的平均得分率较低，未超过10%（见图6-5）。

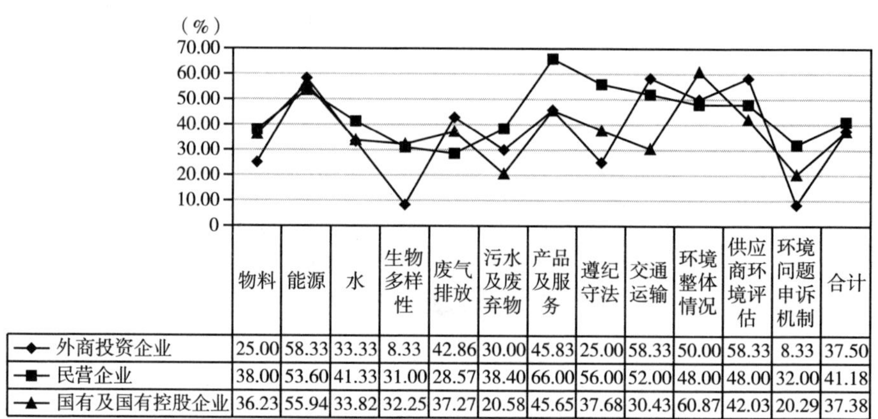

	物料	能源	水	生物多样性	废气排放	污水及废弃物	产品及服务	遵纪守法	交通运输	环境整体情况	供应商环境评估	环境问题申诉机制	合计
外商投资企业	25.00	58.33	33.33	8.33	42.86	30.00	45.83	25.00	58.33	50.00	58.33	8.33	37.50
民营企业	38.00	53.60	41.33	31.00	28.57	38.40	66.00	56.00	52.00	48.00	48.00	32.00	41.18
国有及国有控股企业	36.23	55.94	33.82	32.25	37.27	20.58	45.65	37.68	30.43	60.87	42.03	20.29	37.38

图 6－5　不同性质企业“环境”平均得分率

资料来源：笔者根据各 CSR 报告整理。

6.4.2.4　社会

从图 6－6 可以看出，不同性质企业中，社会层面（合计 48 个指标）平均得分率方面，民营企业明显高于外商投资企业、国有及国有控股企业。同时，在四个层面的平均得分率，民营企业也都高于外商投资企业、国有及国有控股企业。外商投资企业除了在“人权”略高于国有及国有控股企业，其他三个层面都低于国有及国有控股企业。此外，各方面的得分率，不同性质企业的“人权”都低于“劳工实践与尊严劳动”“社会”“产品责任”，这方面信息披露还有待加强。

6.4.2.5　各层面综合比较

不同性质企业的报告（合计 134 个指标）平均得分率，民营企业略高，为 54.26%；外商投资企业、国有及国有控股企业低于 50%，分别为 43.06%、49.47%。在不同层面中，得分率最高的均为报告结构。对比各层面的结果，民营企业在四个层面的平均得分率都高于外商投资

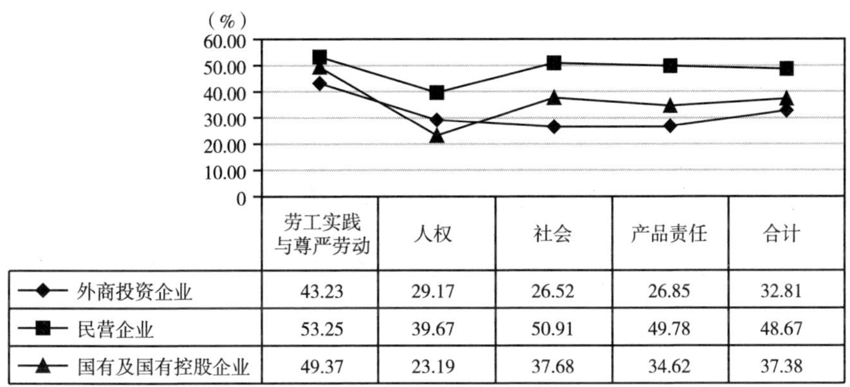

	劳工实践与尊严劳动	人权	社会	产品责任	合计
外商投资企业	43.23	29.17	26.52	26.85	32.81
民营企业	53.25	39.67	50.91	49.78	48.67
国有及国有控股企业	49.37	23.19	37.68	34.62	37.38

图 6－6　不同性质企业的社会层面平均得分率情况

资料来源：笔者根据各 CSR 报告整理。

企业、国有及国有控股企业。在经济、环境和社会层面中的平均得分率，外商投资企业均未超过 40%，分别为 37.04%、37.50% 和 32.81%；民营企业分别为 53.78%、41.18% 和 48.67%；国有及国有控股企业分别为 50.24%、37.38% 和 37.38%，民营企业、国有及国有控股企业二者在经济层面的信息披露较为积极（见图 6－7）。

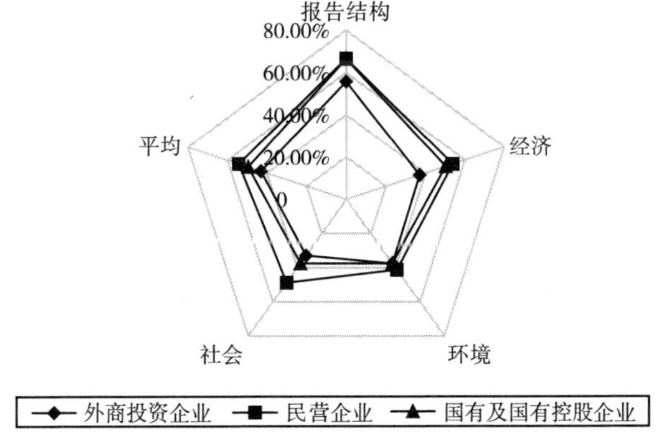

图 6－7　不同性质企业的各层面平均得分率对比

资料来源：笔者根据各 CSR 报告整理。

第7章　中国不同行业的企业社会责任信息披露评价

7.1　制造业企业的评价结果

7.1.1　评价结果总体分析

7.1.1.1　总体情况

制造业企业社会责任报告（37份）整体平均得分率为50.41%。

7.1.1.2　得分率分析

从CSR信息披露评价得分率的分组结果来看（见表7-1），37家样本企业评价得分率大多集中于30%～40%、40%～50%和50%～60%三个区间，分别占到样本总量的21.62%、18.92%和21.62%。评价得分率在20%～30%和60%～70%两个区间的企业数量都为4家，均占到37家样本总量的10.81%。评价得分率在70%～80%、80%～90%和大于

90% 区间的企业分别占到样本总量的 8.11%、5.41% 和 2.70%，即评价得分率超过 70% 的企业累计达到了 16.22%。

表 7－1　　CSR 信息披露评价得分率区间分布

评价得分率	企业数（家）	百分比（%）	累计百分比（%）
20% ≤得分率 <30%	4	10.81	10.81
30% ≤得分率 <40%	8	21.62	32.43
40% ≤得分率 <50%	7	18.92	51.35
50% ≤得分率 <60%	8	21.62	72.97
60% ≤得分率 <70%	4	10.81	83.78
70% ≤得分率 <80%	3	8.11	91.89
80% ≤得分率 <90%	2	5.41	97.30
得分率≥90%	1	2.70	100
合计	37	100	—

资料来源：笔者根据各 CSR 报告整理。

7.1.2　各层面结果分析

7.1.2.1　报告结构

37 家制造业企业报告结构的平均得分率为 62.53%。其中，“战略与分析”的平均得分率最高，为 93.24%；“组织概况”“利益相关方参与”“报告概况”的平均得分率也相对较高，分别为 86.87%、85.14%、81.53%；“商业伦理与诚信”和“已确定的实质性方面与边界”的平均得分率分别为 76.58% 和 70.27%；“治理”的平均得分率最低，为 30.59%（见表 7－2）。

表7-2　　制造业企业报告结构得分情况

变量	战略与分析	组织概况	已确定的实质性方面与边界	利益相关方参与	报告概况	治理	商业伦理与诚信	合计
指标个数（个）	2	14	7	4	6	22	3	58
平均得分（分）	1.86	12.16	4.92	3.41	4.89	6.73	2.30	36.27
平均得分率（%）	93.24	86.87	70.27	85.14	81.53	30.59	76.58	62.53

资料来源：笔者根据各CSR报告整理。

7.1.2.2　经济

37家制造业在经济层面（合计9个指标）的平均得分率为51.35%。其中“经济绩效”“市场表现”“间接经济影响”“采购行为”对应的平均得分率分别为50.68%、39.19%、66.22%、48.65%，可以看出，“间接经济影响”信息的披露程度相对较高（见表7-3）。

表7-3　　制造业的经济层面得分情况

变量	经济绩效	市场表现	间接经济影响	采购行为	合计
指标个数（个）	4	2	2	1	9
平均得分（分）	2.03	0.78	1.32	0.49	4.62
平均得分率（%）	50.68	39.19	66.22	48.65	51.35

资料来源：笔者根据各CSR报告整理。

7.1.2.3　环境

37家制造业在环境层面（合计34个指标）的平均得分率为41.81%。在12个类别中，“环境整体情况”（62.16%）、“供应商环境评估”（59.46%）、“能源”（58.38%）和“产品及服务”（52.70%）的平均得分率相对较高，均在50%以上；“环境问题申诉机制”和

“生物多样性”的平均得分率略低，仅分别为24.32%和19.59%（见表7－4）。

表7－4　制造业的环境层面得分情况

变量	物料	能源	水	生物多样性	废气排放	污水及废弃物	产品及服务	遵纪守法	交通运输	环境整体情况	供应商环境评估	环境问题申诉机制	合计
指标个数（个）	2	5	3	4	7	5	2	1	1	1	2	1	34
平均得分（分）	0.81	2.92	1.24	0.79	2.81	1.62	1.06	0.46	0.46	0.62	1.19	0.24	14.22
平均得分率（%）	40.54	58.38	41.44	19.59	40.15	32.43	52.70	45.95	45.95	62.16	59.46	24.32	41.81

资料来源：笔者根据各CSR报告整理。

7.1.2.4　社会

37家制造业在社会层面（合计48个指标）的平均得分率为41.67%。“劳工实践与尊严劳动”“人权”“社会”“产品责任”对应的平均得分率分别为53.04%、31.76%、40.79%、35.74%，“劳工实践与尊严劳动”的信息程度相对较高，而“人权”的信息披露程度相对较低（见表7－5）。

表7－5　制造业的社会层面得分情况

变量	劳工实践与尊严劳动	人权	社会	产品责任	合计
指标个数（个）	16	12	11	9	48
平均得分（分）	8.49	3.81	4.49	3.21	20.00
平均得分率（%）	53.04	31.76	40.79	35.74	41.67

资料来源：笔者根据各CSR报告整理。

7.2 金融业企业的评价结果

7.2.1 评价结果总体分析

7.2.1.1 总体情况

金融业企业社会责任报告（19份）整体平均得分率为56.06%。

7.2.1.2 得分率分析

从CSR信息披露评价得分率的分组结果来看，19家样本企业评价得分率在50%~60%区间的比重最高，达到了42.11%。评价得分率在30%~40%和70%~80%两个区间的比重也相对较高，都占到样本总量的15.79%。评价得分率在60%~70%区间的企业有两家，占到19家样本总量的10.53%。评价得分率在20%~30%、40%~50%和80%~90%三个区间的企业都仅为1家，均只占19家样本总量的5.26%（见表7-6）。

表7-6　CSR信息披露评价得分率区间分布

评价得分率	企业数（家）	百分比（%）	累计百分比（%）
20%≤得分率<30%	1	5.26	5.26
30%≤得分率<40%	3	15.79	21.05
40%≤得分率<50%	1	5.26	26.31
50%≤得分率<60%	8	42.11	68.42
60%≤得分率<70%	2	10.53	78.95
70%≤得分率<80%	3	15.79	94.74
80%≤得分率<90%	1	5.26	100
合计	19	100	—

资料来源：笔者根据各CSR报告整理。

7.2.2　各层面结果分析

7.2.2.1　报告结构

19 家金融业企业报告结构的平均得分率为 76.41%。“利益相关方参与”“战略与分析”“报告概况”的平均得分率均超过了 90%，分别为 97.37%、94.74%、94.74%；“组织概况”和“商业伦理与诚信”的平均得分率也相对较高，分别为 86.47% 和 82.46%；“已确定的实质性方面与边界”和“治理”的平均得分率分别为 76.69% 和 58.61%（见表 7－7）。

表 7－7　　金融业企业报告结构得分情况

变量	战略与分析	组织概况	已确定的实质性方面与边界	利益相关方参与	报告概况	治理	商业伦理与诚信	合计
指标个数（个）	2	14	7	4	6	22	3	58
平均得分（分）	1.89	12.11	5.37	3.90	5.68	12.90	2.47	44.32
平均得分率（%）	94.74	86.47	76.69	97.37	94.74	58.61	82.46	76.41

资料来源：笔者根据各 CSR 报告整理。

7.2.2.2　经济

19 家金融业企业在经济层面（合计 9 个指标）的平均得分率为 54.97%。“间接经济影响”的平均得分率达到 94.74%，这方面信息披露程度非常高；“经济绩效”的平均得分率也超过了 50%，达到了 56.58%。而“市场表现”和“采购行为”的得分率均未超过 30%，分别为 28.95% 和 21.05%，这两个方面信息披露还有待加强（见表 7－8）。

表 7-8　　金融业的经济层面得分情况

变量	经济绩效	市场表现	间接经济影响	采购行为	合计
指标个数（个）	4	2	2	1	9
平均得分（分）	2.27	0.58	1.89	0.21	4.95
平均得分率（%）	56.58	28.95	94.74	21.05	54.97

资料来源：笔者根据各 CSR 报告整理。

7.2.2.3　环境

19 家金融业在环境层面（合计 34 个指标）平均得分率为 39.32%。在 12 个类别的平均得分率中，“能源”（64.21%）超过了 60%；“产品及服务”（55.26%）、“环境整体情况”（52.63%）、“水”（42.11%）、“遵纪守法”（42.11%）、“交通运输”（42.11%）、“供应商环境评估”（42.11%）徘徊在 40% ~60% 区间；而“污水及废弃物”（24.21%）和“生物多样性”（21.05%）较低，未超过 30%（见表 7-9）。

表 7-9　　金融业的环境层面得分情况

变量	物料	能源	水	生物多样性	废气排放	污水及废弃物	产品及服务	遵纪守法	交通运输	环境整体情况	供应商环境评估	环境问题申诉机制	合计
指标个数（个）	2	5	3	4	7	5	2	1	1	1	2	1	34
平均得分（分）	0.63	3.21	1.26	0.84	2.58	1.21	1.11	0.42	0.42	0.53	0.84	0.32	13.37
平均得分率（%）	31.58	64.21	42.11	21.05	36.84	24.21	55.26	42.11	42.11	52.63	42.11	31.58	39.32

资料来源：笔者根据各 CSR 报告整理。

7.2.2.4　社会

19 家金融业在社会层面（合计 48 个指标）平均得分率为 43.53%。各层面的平均得分率，只有“劳工实践与尊严劳动”（53.62%）相对较高，超过了 50%；而“人权”相对较低，为 29.82%（见表 7-10）。

表 7 - 10　　金融业的社会层面得分情况

变量	劳工实践与尊严劳动	人权	社会	产品责任	合计
指标个数（个）	16	12	11	9	48
平均得分（分）	8.58	3.58	4.73	4.00	20.89
平均得分率（%）	53.62	29.82	43.06	44.44	43.53

资料来源：笔者根据各 CSR 报告整理。

7.3　制造业与金融业企业的评价结果对比分析

7.3.1　评价结果对比分析

7.3.1.1　得分率区间对比分析

从评价结果来看，制造业和金融业的企业在社会责任信息披露上，制造业在 30% ~40%、40% ~50%、50% ~60% 三个区间的占比较高；而金融业在 50% ~60% 区间的企业占比最突出，为 42.11%（见图 7 - 1）。

7.3.1.2　得分率累计对比分析

可以看出，CSR 信息披露评价得分率区间累计方面，制造业和金融业在 60% ~70%、70% ~80%、80% ~90% 和大于 90% 等各个区间没有拉开差距。但是如果以平均得分率 50% 为界，金融业企业平均得分率在 50% 以上的占比较高，达到了 73.68%；制造业企业的平均得分率在 50% 以上的占比达到了 48.65%（见图 7 - 2）。

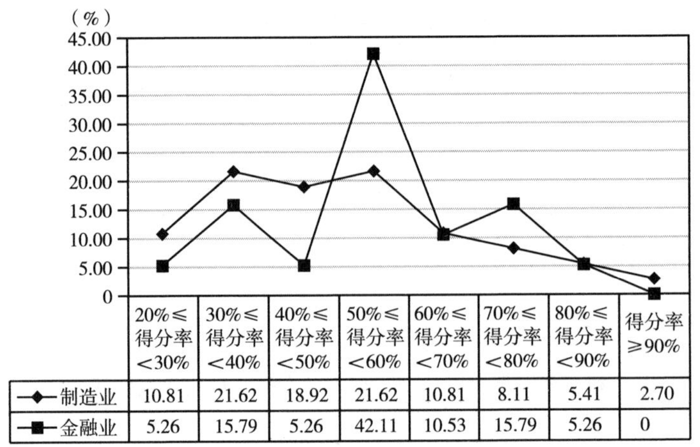

图 7-1 制造业与金融业企业的 CSR 信息披露评价得分率区间对比

资料来源：笔者根据各 CSR 报告整理。

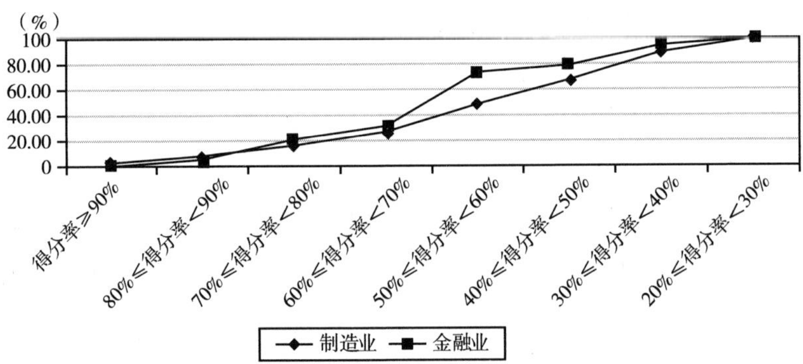

图 7-2 制造业与金融业企业的 CSR 信息披露评价得分率区间累计对比

资料来源：笔者根据各 CSR 报告整理。

7.3.2 各层面结果对比分析

7.3.2.1 报告结构

制造业与金融业企业的报告结构（共 58 个指标）的平均得分率分别为 62.53% 和 76.41%，可以看出，金融业为更积极地披露这方面信息。

以下就报告结构各类别进行分析（见图7-3）。

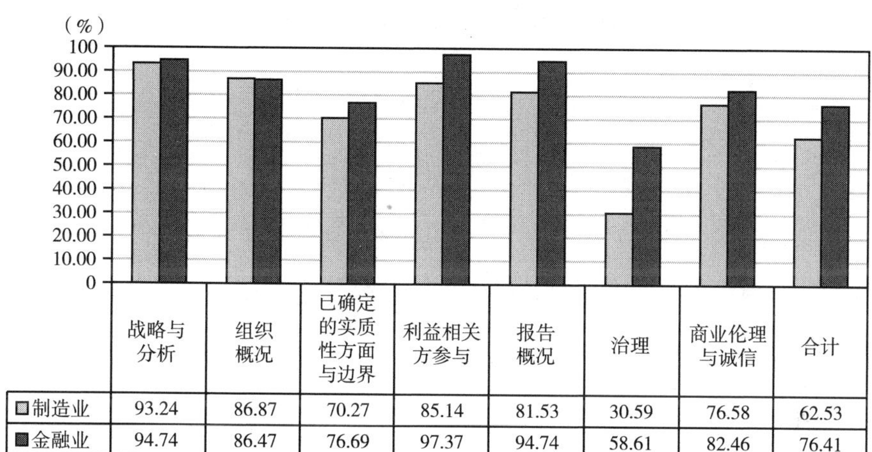

	战略与分析	组织概况	已确定的实质性方面与边界	利益相关方参与	报告概况	治理	商业伦理与诚信	合计
制造业	93.24	86.87	70.27	85.14	81.53	30.59	76.58	62.53
金融业	94.74	86.47	76.69	97.37	94.74	58.61	82.46	76.41

图7-3　制造业与金融业企业“报告结构”得分率

资料来源：笔者根据各CSR报告整理。

第一，战略与分析。制造业与金融业都重视对“战略与分析”方面信息的披露，其得分率均超过90.00%。

第二，组织概况。可以看出，制造业和金融业有超过8成报告披露了“组织概况”方面的信息，二者的平均得分率分别为86.87%和86.47%。

第三，已确定的实质性方面与边界。这方面的平均得分率分别为70.27%和76.69%，金融业相对重视这方面的信息披露。

第四，利益相关方参与。可以发现，金融业企业非常重视这方面的信息披露，其平均得分率达到97.37%。而制造业则相对较低，平均得分率为85.14%。

第五，报告概况。二者的平均得分率分别为81.53%和94.74%。可以看出，金融业尤为重视这方面信息披露。

第六，治理。制造业与金融业在“治理”方面信息披露率都比较低，尤其是制造业的平均得分率仅为30.59%，在这方面还有待加强。

第七，商业伦理与诚信。二者的平均得分率分别为 76.58% 和 82.46%，金融业在这方面披露信息更为积极。

7.3.2.2 经济

从图 7-4 中可以看出，在经济层面（合计 9 个指标）中，制造业和金融业的平均得分率均超过 50%。制造业企业在“市场表现”和“采购行为”方面优于金融业企业，而在“经济绩效”和“间接经济影响”方面要劣于金融业企业。

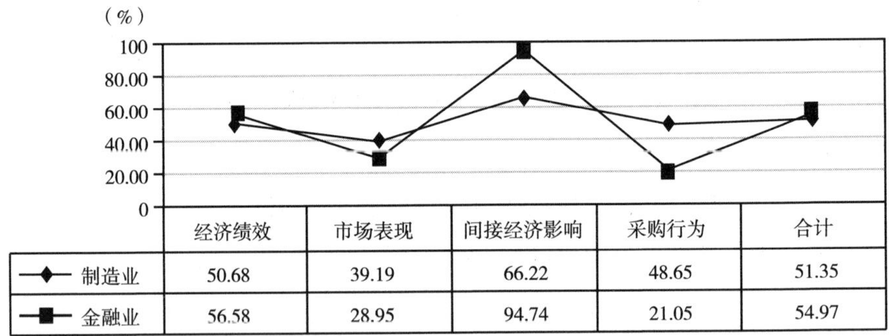

	经济绩效	市场表现	间接经济影响	采购行为	合计
制造业	50.68	39.19	66.22	48.65	51.35
金融业	56.58	28.95	94.74	21.05	54.97

图 7-4 制造业与金融业企业“经济”得分率

资料来源：笔者根据各 CSR 报告整理。

7.3.2.3 环境

在环境层面（合计 34 个指标）中，制造业和金融业的平均得分率分别为 41.8% 和 39.3%。制造业在“物料”“废气排放”“污水及废弃物”“遵纪守法”“交通运输”“环境整体情况”“供应商环境评估”方面的平均得分率要高于金融业；金融业则在“能源”“产品及服务”“环境问题申诉机制”的平均得分率高于制造业；二者在“水”和“生物多样性”方面旗鼓相当（见图 7-5）。

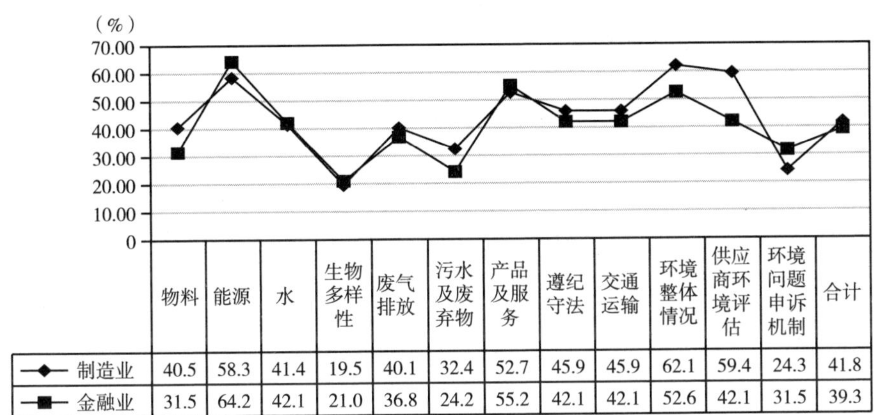

	物料	能源	水	生物多样性	废气排放	污水及废弃物	产品及服务	遵纪守法	交通运输	环境整体情况	供应商环境评估	环境问题申诉机制	合计
制造业	40.5	58.3	41.4	19.5	40.1	32.4	52.7	45.9	45.9	62.1	59.4	24.3	41.8
金融业	31.5	64.2	42.1	21.0	36.8	24.2	55.2	42.1	42.1	52.6	42.1	31.5	39.3

图 7－5　制造业与金融业企业“环境”得分率

资料来源：笔者根据各 CSR 报告整理。

7.3.2.4　社会

在社会层面（合计 48 个指标）的平均得分率，制造业略高于金融业。在各分层面中，制造业和金融业在“劳工实践与尊严劳动”“人权”“社会”的平均得分率没有太大差距。而在“产品责任”的平均得分率，金融业（44.44%）比制造业（35.74%）高了接近 9 个百分点（见图 7－6）。

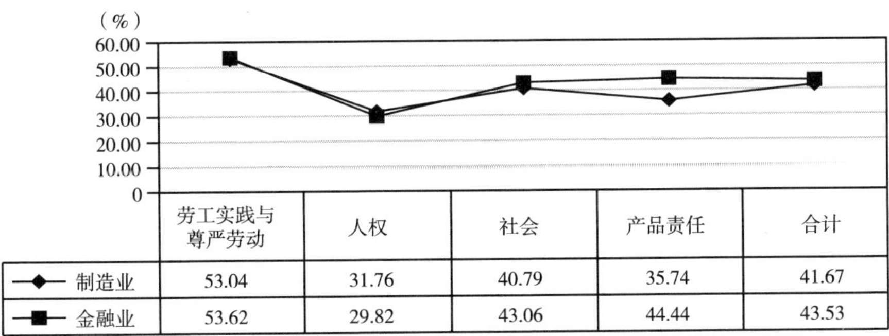

	劳工实践与尊严劳动	人权	社会	产品责任	合计
制造业	53.04	31.76	40.79	35.74	41.67
金融业	53.62	29.82	43.06	44.44	43.53

图 7－6　制造业与金融业企业“社会”平均得分率

资料来源：笔者根据各 CSR 报告整理。

7.3.2.5 各层面综合比较

制造业和金融业企业的报告（合计 134 个指标）的平均得分率分别为 50.41% 和 56.06%，金融业高于制造业约 6 个百分点。对比各层面的结果，金融业企业在报告结构、经济、社会的平均得分率高于制造业，而制造业仅在环境的平均得分率略高于金融业。在经济、环境和社会层面的平均得分率，制造业和金融业在经济层面均超过 50%，而环境和社会层面均低于 50%（见图 7-7）。

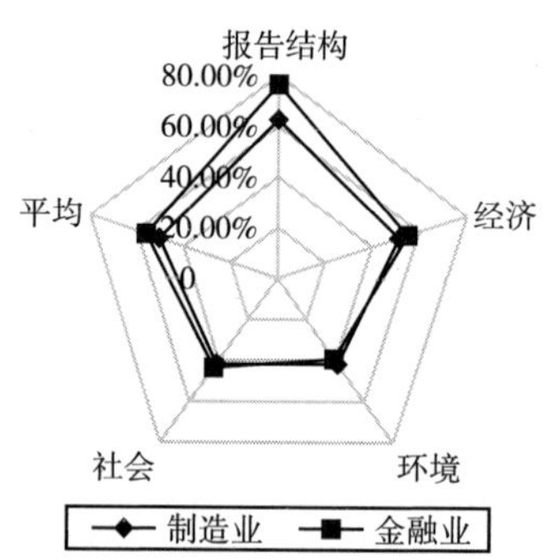

图 7-7 制造业与金融业企业的各层面平均得分率对比

资料来源：笔者根据各 CSR 报告整理。

第 8 章　研究结论与政策建议

履行社会责任以及披露社会责任信息是企业经营的重要一环，直接影响着企业的可持续发展，对于全球范围内的社会可持续发展也具有重要意义。如今，社会各界对 CSR 信息披露透明度要求越来越高，希望从企业披露的信息中得到更多对自身有价值的信息，并借此对企业做出评价。CSR 是个庞大而复杂的研究课题，涉及企业与各利益相关者的利益与可持续发展，因此需要从宏观到微观多个层面的配合与协调。本章通过收集研究样本的报告以及分析处理，梳理本书的主要研究结论和提出强化 CSR 信息披露的政策建议，同时提出本书的研究局限。

8.1　研究结论

全书得出了以下三点主要结论：

结论 1：从 106 家信息披露的分析结果来看，得分率集中于 30% ~ 40%、40% ~ 50% 和 50% ~ 60% 三个区间，分别占到样本总量的 20.76%、20.76% 和 22.64%，即 30% ~60% 区间的企业合计占比超过六成；得分率在 20% ~30%、20% 以下两个区间分别为 9.43%、0.94%，即小于30%的企业合计占比约为一成；得分率大于60%的企业占样本总量的1/4。106家信息披露（合计134个指标）平均得分率为49.87%。在报告结构、经济、环境、社会的四个层面平均得分率中，报告结构最高，为65.27%；其次是经济，为49.58%；社会（39.52%）和环境（38.29%）紧随其后。总体上看，社会和环境的信息披露情况难言乐观。

结论2：从不同性质上来看，外商投资企业得分率在40%～50%区间占比最高，占到12家样本数量的33.33%；民营企业得分率在50%～60%区间占比最高，占到25家样本数量的20.00%；国有及国有控股企业得分率则在40%～50%和50%～60%两个区间占比最高，均占到69家样本数量的23.19%。不同性质的信息披露（合计134个指标）的平均得分率结果，民营企业为54.26%；国有及国有控股企业、外商投资企业分别为49.47%、43.06%。由此看出，民营企业略胜一筹，而外商投资企业相形见绌。

结论3：从不同行业上来看，制造业的得分率集中于30%～40%、40%～50%和50%～60%三个区间，分别占到37家样本总量的21.62%、18.92%和21.62%；而金融业的得分率在50%～60%区间比重最高，占到19家样本总量的42.11%。制造业和金融业的信息披露（合计134个指标）的平均得分率分别为50.41%和56.06%，金融业略高于制造业。

8.2 政策建议

第一，构建CSR信息披露体系。目前，CSR信息披露指标正朝着引导企业积极履行、量化指标评价的方向发展。但由于学者对CSR评价体系的研究较为广泛，针对此类信息披露的评价缺乏统一性。换言之，缺乏一个客观、科学、权威的信息评价体系，导致研究结论出现差异。且由于信息披露缺乏可比性，使得利益相关者对不同企业在 CSR 领域所做出的贡献不能给予客观评价。为避免外部利益相关者评价 CSR 信息披露的随意性，有必要构建相应体系。评价指标体系是整个信息披露评价工作的核心，在 CSR 问题日益受到关注的今天，建立一个科学合理的评价体系来对此类信息披露情况进行评价，有助于利益相关者对企业做出客观评价，也有利于企业了解社会责任领域的执行情况，以便采取措施加以修正，推动企业的社会责任管理。

第二，发挥政府、行业协会的推动作用。中国 CSR 报告的快速发展得益于各界的推动，尤其政府和行业协会出台的一系列政策或措施在推动企业编报报告中发挥了关键作用，它是推动此类报告发展的重要力量之一。作为信息的提供者，企业应积极披露社会责任信息并提高披露质量；作为信息的监管者，政府及相关机构可继续出台相关措施来鼓励企业自愿披露信息，并对披露的范围、内容和方式等加以引导，进一步提高 CSR 信息的决策价值和作用。尤其是政府作为较有权威影响力的利益相关者，相对而言，其要求会受到企业重视，政府对企业披露信息的要求越高，就越会促进企业披露信息。换言之，政府规定得越清晰越详细，企业信息披露的质量就会越高。此外，依托公众力量促进企业积极披露信息。公众的有效监督成为促进 CSR 信息披露的外部力量之一。在此基础上，媒体也要加强舆论监督，积极报道 CSR 的发展趋势。CSR 的使命在于对社会产生的积极影响，媒体将积极履行 CSR 的情况和信息及时传播，引领更多企业从多方面履行社会责任，从而推动企业和社会共同进步。

第三，制定有关 CSR 的战略和披露机制。在经济全球化日趋明显的今天，对于中国企业而言，企业管理者致力提升竞争力，针对经济、环境和社会领域做出贡献，并披露其行为是提升企业竞争力的策略之一。CSR 报告作为信息披露的载体具有集中性，可将企业有关社会责任方面的理念、战略、方针，以及企业对经济、环境、社会造成的直接或间接影响、贡献和不足等信息，予以系统地梳理和归纳，有助于促进企业与利益相关者之间的沟通，也有助于提高企业管理层对经济、环境和社会等领域的管理，这对强化企业的可持续经营以及实现中国的可持续发展至关重要。鉴于此，企业有必要从可持续发展的角度构建社会责任机制，制定社会责任战略并将其融入至企业战略中。换言之，需要企业在战略的高度从长谋划，高瞻远瞩的认识 CSR，不将它视为追求利润的工具，更不能将它视为利益相关者施加给企业的累赘。全方位认识 CSR 成为发展的必然趋势，企业应尽可能认识到社会责任对于构建长远竞争优势和实现社会可持续发展的重要意义。

第四，参照 GRI 指南以提高 CSR 报告质量。GRI 建立的目的在于提高报告的质量和实用性，其陆续推出的《可持续发展报告指南》在近年来受到极大的推崇，推动了企业定期向利益相关者披露有关经济、环境和社会信息，增强了全球范围内 CSR 报告的可比性和可信度，使之能与财务报告的水平相媲美。《可持续发展报告指南》具有广泛的利益相关者视角，代表了众多利益相关者对企业履行社会责任的期待，对信息质量提出的要求越来越被企业所认同。如前述基于大型企业的 CSR 报告研究结果显示，在其制定的 11 项评价内容中参照 GRI 指南的分数都超过非参照 GRI 指南，个别项目分数差距甚至达到 3 倍（Governance and Accountability Institute，2017）。中国企业参照的关于编报 CSR 报告的标准超过 20 种，其中 GRI 指南是目前国际上得到广泛认可的报告编写指南，因此，期望更多的中国企业参照 GRI 指南以提高信息披露质量。

本书旨在更新和丰富当前 CSR 研究领域的成果，由于笔者能力有限，存在以下不足：第一，分析的对象集中在公布了 CSR 报告的企业，未对没有发布 CSR 报告的企业进行评价，因而缺乏一定的普适性；第二，针对报告结构、经济、环境和社会类别的信息披露进行分析，以在 CSR 报告显示了 GRI 指南对照表的企业为研究样本，但这类企业所占比率较小，样本数量有限，从而缺乏一定的广度；第三，样本企业虽然涉及了外商投资、民营、国有及国有控股类型，涵盖了 13 个行业，但如水利环境和公共设施管理业、租赁和商务服务业、农林牧渔业所占比重不足 2.0%，大部分集中在制造业和金融业上，两个行业所占比例比重分别为 34.9% 和 17.9%，分析对象行业选择的不均衡导致不能全面考察当前所有行业的现状。

第五，笔者认为 CSR 是企业迈向可持续发展之路的基石。对于大多数企业来说 CSR 已成为企业战略的一环，其对企业可持续发展的影响也逐步加大。一家企业在其经营过程中，履行社会责任不仅仅是一种社会情怀，更是一种能力。企业拥有这种能力在助推其实现社会价值的同时，也将推动其自身的可持续发展。因此，CSR 对企业来讲，既是压力，也是发展的动力。CSR 将不再是被迫选择，而是变成了必要条件。当然，由于企业所处的不同发展阶段，其承担的责任也有所区别，企业有必要根据其发展的不同阶段来制定 CSR 战略，并结合自身所处行业特色有针对性地实施 CSR 以及披露信息，从而为企业的可持续发展奠定基础。期望越来越多企业积极承担社会责任并披露社会信息，以推动企业自身和人类社会的可持续发展。

附录　可持续发展报告指南（G4）指标信息

项目	指标
一般披露项目	
G4 - 1	组织最高决策者（如首席执行官、董事长或与其相当的高级职位）就组织的可持续发展的相关性及组织的可持续性发展战略所作的声明
G4 - 2	关于主要影响、风险及机遇的说明
G4 - 3	组织名称
G4 - 4	主要品牌、产品与服务
G4 - 5	组织总部所在地
G4 - 6	组织在多少个国家运营，在哪些国家有主要运营点，或哪些国家与报告所述的可持续发展事宜特别相关
G4 - 7	组织的所有权性质与法律形式
G4 - 8	组织所服务的市场（包括地区的细分、所服务的行业、客户及受益人的类型）
G4 - 9	组织规模，包括：员工总数、运营地总数、净销售额（关于民营组织）或净利润（关于国有组织）、显示股东资本及负债明细的总资本（关于民营组织）、所提供产品或服务的数量
G4 - 10	按雇佣合同和性别划分的员工总数； 按雇佣类型和性别划分的正式员工总数； 按全职员工和临时员工、性别划分的员工总数； 按地区和性别划分的员工总数； 承担组织工作一大部分的员工，是否是法律上认可为个体经营者的劳动者，或是否是从业人员与劳务承包人（包括承包商的员工及临时员工）以外的人； 雇用人数的显著变化（如旅游业或农业雇用人数的季节性变化）
G4 - 11	签署劳资谈判合同涵盖的员工总数百分比
G4 - 12	描述组织的供应链情况
G4 - 13	报告期内，组织规模、架构、所有权或供应链发生的显著变化，包括：所在地或运营地点的变化（包括设施的启用、关闭及扩充）；股本架构的变化，其他资本的构成、保有及变更手续带来的变化（民营组织）；供应商所在地、供应链架构、与供应商关系（包括甄选或终止）的变化

续表

项目	指标
G4－14	说明组织是否采取预防措施或原则以及对应机制
G4－15	组织签署或支持的外界制定的经济、环境和社会公约、原则或其他倡议的列表
G4－16	组织加入的协会（行业协会）或国内外倡议机构中，符合以下内容的会员资格列表：在治理机构中担任职务；参加了项目或委员会；提供了超出普通会员资格义务的大额资助；视会员资格为战略性需要；主要指根据组织名义保持的会员资格
G4－17	列出组织的联合财务报表或其他同等性质文件中所涉及的所有实体；说明在联合财务报表或其他同等性质文件中所涉及的任何实体中，是否存在未纳入可持续发展报告的情况
G4－18	说明界定报告内容和方面边界的流程；说明组织是否并如何运用“关于报告内容的报告原则”
G4－19	按照界定报告内容的流程而确定的所有实质性方面的列表
G4－20	关于每个实质性方面，对组织范围内的边界采用以下形式进行说明：该方面在组织内是否具有实质性；若该方面并非对组织内的所有实体都具有实质性（依照 G4－17），采用以下任一方法报告：G4－17 列表中包含的该方面不具实质性的实体或实体群体，或 G4－17 列表中包含的该方面具有实质性的实体或实体群体；关于对组织内方面的边界的具体限制
G4－21	对于每个实质性方面，对组织范围外的边界采用以下形式进行说明：该方面在组织外是否具有实质性；若该方面在组织外具有实质性，则确认其实质性对应的实体、实体类别及其原因的参数设置，并描述对确认的实体中具有实质性方面的地理所在地；关于对组织外方面的边界的具体限制
G4－22	说明修订前期报告所提供信息的影响及修订的原因
G4－23	说明报告的范围、方面的边界与此前报告期间的重大变动
G4－24	组织参与的利益相关方列表
G4－25	识别及选定组织参与的利益相关方的依据
G4－26	利益相关方参与组织的途径，包括按不同类型及组别的利益相关方参与频率划分，并描述是否有任何参与是作为报告编制程序的一环而进行的
G4－27	利益相关方参与的过程中提出的主要议题及顾虑，以及组织回应的方式，包括通过报告回应。提出主要议题及顾虑的利益相关方组别
G4－28	所提供信息的报告期（如财务年度、日历年度）
G4－29	最近一份报告的日期（如有）
G4－30	报告周期（如每年、隔年一次）
G4－31	报告或报告内容的有关问题可咨询的联络人

续表

项目	指标
G4－32	说明组织选择的“符合”选项；说明针对所选选项的GRI内容索引；如报告经过外部审验，引述外部审验报告。GRI建议报告进行外部审验，但这并不成为“符合”本指南的必要事项
G4－33	组织为报告寻求外部审验的政策及目前的做法；如未在可持续发展报告附带的审验中列出，则需说明已提供的任何外部审验的范围及标准；说明组织与审验提供方之间的关系；说明最高管理机构或高级管理层是否参与为可持续发展报告寻求审验
G4－34	组织的治理架构，包括最高管理机构下的各个委员会。负责经济、环境和社会影响相关决策的委员会的确定
G4－35	说明最高管理机构授予高级管理层及其他员工管理经济、环境和社会主题相关权限的流程
G4－36	组织是否任命了董事层级的高管负责经济、环境和社会主题，他们是否直属最高管理机构
G4－37	利益相关方和最高管理机构之间就经济、环境和社会主题进行磋商的过程。若授权磋商，说明权限转让的对象和向最高管理机构的反馈过程
G4－38	说明最高管理机构及其委员会的构成，按以下分类：有无执行权，独立性，管理机构中的任期，管理机构中各成员担任的其他重要职务和责任的数量及责任的性质，性别，发言权较低的社会群体成员，与经济、环境、社会影响有关的专业能力，利益相关方代表
G4－39	最高管理机构的主席是否兼任执行董事职位（如有，说明其在组织管理层的职能及如此安排的理由）
G4－40	最高管理机构及其委员会的提名和甄选程序。同时，包括以下用于提名和甄选最高管理机构成员的条件：是否以及如何考虑到了多样性；是否以及如何考虑到了独立性；是否以及如何考虑到了经济、环境和社会主题相关的专业知识与经验；是否以及如何考虑到了利益相关方（包括股东）参与
G4－41	最高管理机构确保避免和控制利益冲突的流程，是否向利益相关方披露利益冲突的相关信息，至少应披露以下事项：董事会成员交叉任职、与供应商及其他利益相关方交叉控股、控股股东的设立、关联方的信息
G4－42	在制定、批准、更新与经济、环境、社会影响相关的组织宗旨、价值观、使命、战略、政策与目标的过程中，最高管理机构和高级管理层的作用
G4－43	说明为加强最高管理机构针对经济、环境和社会主题的集体见解所采取的措施
G4－44	对最高管理机构管理经济、环境和社会主题绩效进行评估的流程（该评估是否独立进行、评估的频次、是否为自我评估）；对最高管理机构在管理经济、环境和社会主题绩效评估的应对措施（至少包括成员组成和组织管理方面的变化）

续表

项目	指标
G4－45	在界定及管理经济、环境和社会的影响、风险和机遇方面，最高管理机构的作用（包括最高管理机构在实施尽职调查方面的角色）；利益相关方的咨询是否被用于为最高管理机构界定及管理经济、环境和社会的影响、风险和机遇方面提供支持
G4－46	在对组织有关经济、环境和社会主题的风险管控流程的有效性进行评估时，最高管理机构发挥的作用
G4－47	最高管理机构实施对经济、环境和社会的影响、风险和机遇进行评估的频次
G4－48	正式审核和批准组织可持续发展报告并确认已涵盖所有实质性方面的最高等级委员会或职位
G4－49	说明向最高管理机构通报重大关切问题的流程
G4－50	说明向最高管理机构通报的重大关切问题的性质和总数，以及为回应和解决该问题所采取的措施
G4－51	按以下类型，说明最高管理机构及高级管理层提供的薪酬方针：固定薪酬和浮动薪酬，包含绩效工资、股权薪酬、奖金、递延或兑现的股份、签约奖金、招募奖励金的支付、离职金、薪酬追回、退休金（包括最高管理机构、高级管理层及所有其他员工相关的各项薪酬制度和缴费金率不同所产生的差额）；说明薪酬方针中的绩效标准如何与最高管理机构和高级管理层的经济、环境和社会宗旨相关联
G4－52	说明决定薪酬的流程；薪酬顾问是否参与薪酬的决定，他们是否独立于管理层；薪酬顾问与组织之间是否存在其他关系
G4－53	说明如何征求并考虑利益相关方对于薪酬的意见。如有，说明关于薪酬方针及提案相关的投票结果
G4－54	组织重要业务运营点的各国家中最高薪酬领受人的年度总收入与该国的全体员工年度总收入的中值（最高薪酬领受人除外）之间的比率
G4－55	组织重要业务运营点的各国家中最高薪酬领受人的年度总收入的增幅与该国的全体员工年度总收入的中值（最高薪酬领受人除外）的增幅之间的比率
G4－56	说明组织的价值观、理念及行动基准、规范（如行为守则和商业伦理规定）
G4－57	针对商业伦理、法律行为及诚信的相关事项提出建议而在组织内外设立的制度（如求助和服务热线）
G4－58	针对违反商业伦理或法律行为的疑问，以及为了通报组织诚信的相关事项而在组织内外设立的制度（通过直线管理者实施逐级上报制度、内部举报制度、热线等）
具体标准披露项目	
层面：经济	
G4－EC1	组织创造和分配的直接经济价值

续表

项目	指标
G4－EC2	组织因气候变化而采取的行动对财务产生的影响及其他风险和机会
G4－EC3	组织固定收益型养老金所负担资金的覆盖范围
G4－EC4	政府给予的财务补贴
G4－EC5	按性别划分的工资起薪水平与组织重要业务运营网点当地的最低薪资水平的比例
G4－EC6	组织在重要业务运营网点聘用当地社区高层管理岗位所占的比例
G4－EC7	基础设施投资与支援服务的展开和影响
G4－EC8	说明显著的间接经济影响，包括影响的程度
G4－EC9	组织重要业务运营网点向本地供应商采购支出的比例
层面：环境	
G4－EN1	所用物料的重量或体积
G4－EN2	所用物料中可再利用和可再循环的使用比重
G4－EN3	组织内部的能源消耗量
G4－EN4	组织外部的能源消耗量
G4－EN5	能源消耗强度
G4－EN6	削减的能源消耗量
G4－EN7	产品及服务所需能源的削减量
G4－EN8	按取水源头说明的总耗水量
G4－EN9	因取水而受显著影响的水源
G4－EN10	可再循环和可再利用水的总量与比重
G4－EN11	组织在环境保护区或环境保护区外具有重要生物多样性价值的区域或与其毗邻地区中，拥有、租赁或管理的运营网点及占地面积
G4－EN12	组织在保护区及保护区外具有重要生物多样性价值的区域中，运营活动、产品及服务对生物多样性产生的显著影响
G4－EN13	受保护或经修复的栖息地
G4－EN14	由于组织运营开展而受到影响的区域中栖息的国际自然保护联盟（IUCN）红色名录及国家保护动物名册中的物种总数，将其按照濒危风险程度进行分类
G4－EN15	直接温室气体（GHG）排放量（范畴1）
G4－EN16	间接温室气体（GHG）排放量（范畴2）
G4－EN17	其他间接温室气体（GHG）排放量（范畴3）

续表

项目	指标
G4 - EN18	温室气体（GHG）排放强度
G4 - EN19	温室气体（GHG）排放的削减量
G4 - EN20	消耗臭氧层物质（ODS）的排放量
G4 - EN21	氮氧化物（NOx）、硫氧化物（SOx）及其他主要气体的排放量
G4 - EN22	按水质及排放目的地分类说明污水排放总量
G4 - EN23	按类别及处理方法分类说明废弃物总重量
G4 - EN24	造成严重泄露的总次数及总量
G4 - EN25	按照《巴塞尔公约》附录Ⅰ、Ⅱ、Ⅲ、Ⅷ中规定的有害废弃物运输、进口、出口或处理的重量，以及跨境转移的废弃物中有害废弃物的百分比
G4 - EN26	对由于组织的污水及其他（地表）径流排放而受到显著影响的水体及相关栖息地的位置、面积、受保护状态及生物多样性价值进行确定
G4 - EN27	降低产品及服务所致的环境影响程度
G4 - EN28	按类别划分可回收再利用的售出产品及其包装物料的百分比
G4 - EN29	因违反环境法律法规而被处高额罚款的金额及所受非经济处罚的次数
G4 - EN30	因组织运营而运输产品、业务所使用的其他物品与物料运输，以及员工交通对环境造成的重大影响
G4 - EN31	按类别说明环境保护的总支出及总投资
G4 - EN32	根据环境标准筛选的新供应商的比例
G4 - EN33	供应链中对环境存在重大实际和潜在负面影响及所采取的措施
G4 - EN34	通过正式申诉机制提交、处理及解决的环境影响问题的申诉数量
层面：社会	
子类别：劳工实践与尊严劳动	
G4 - LA1	按年龄组别、性别及地区的详细信息划分的新进员工和离职员工总数与比率
G4 - LA2	按重要业务运营网点划分的仅提供给全职员工而不提供给临时或兼职员工的福利
G4 - LA3	按性别划分的产假和陪产假后的复职率与留任率
G4 - LA4	有关重大运营变更的最短通知期，包括指出该通知期是否在劳动合同中具体说明
G4 - LA5	由劳资双方组建的员工健康与安全委员会中能协助员工监测和评价健康与安全方案的员工代表在职工总数中所占的百分比
G4 - LA6	按地区和性别划分的工伤类别和工伤、职业病、误工天数、旷工比率及和工作有关的死亡人数

续表

项目	指标
G4 - LA7	易患与从事职业相关的高发或高风险疾病的劳工人数
G4 - LA8	与工会达成的正式协议中规定的健康与安全相关议题
G4 - LA9	按性别和职种类别划分的每名员工每年接受培训的平均时数
G4 - LA10	针对员工持续就业能力和协助员工转变职业的技能管理与终生学习计划提供的支援
G4 - LA11	按性别和员工类别划分的接受定期绩效及职业发展考评的员工百分比
G4 - LA12	按性别、年龄、少数族裔等多元化指标划分的管理组织的架构和各职种的组成
G4 - LA13	按员工类别和重要业务运营网点划分的女性的基本薪金和薪酬总额与男性之间对比比率
G4 - LA14	依据劳工实践标准筛选的新供应商的比例
G4 - LA15	供应链中存在的劳工实践相关的重大实际和潜在负面影响及所采取的措施
G4 - LA16	经由正式申诉机制提交、处理及解决的劳工问题的申诉数量
子类别：人权	
G4 - HR1	含有人权条款或已经过人权审查的重要投资协议和合约的项目总数与百分比
G4 - HR2	员工在与经营相关的人权政策与程序方面接受培训的总小时数，以及已接受培训员工的百分比
G4 - HR3	歧视个案的总数及组织所采取的纠正措施
G4 - HR4	已发现可能违反或危及结社自由及集体谈判的运营点和供应商，以及保障此类权利所采取的措施
G4 - HR5	已发现涉嫌使用童工的运营点和供应商，以及有助于有效遏制使用童工所采取的措施
G4 - HR6	已发现涉嫌强迫或强制劳动的运营点和供应商，以及有助于消除各种形式的强迫或强制劳动所采取的措施
G4 - HR7	安保人员在涉及业务相关的人权政策与程序方面接受培训的百分比
G4 - HR8	涉及侵犯原住民权利的事件总数及组织为此所采取的行动
G4 - HR9	接受人权审查和影响评估的运营点的总数与百分比
G4 - HR10	说明依据人权标准筛选的新供应商的比例
G4 - HR11	供应链中存在的对人权造成的重大实际和潜在负面影响及所采取的措施
G4 - HR12	经由正式申诉机制提交、处理及解决的与人权问题有关的申诉数量
子类别：社会	
G4 - SO1	在所有运营点中，实施了与当地社区的联结、影响评估、发展计划的运营点的比例
G4 - SO2	对当地社区造成重大实际和潜在负面影响的运营点

续表

项目	指标
G4－SO3	已实施腐败风险评估的业务单位的总数与百分比，以及已确定的重大风险
G4－SO4	已接受组织的反腐败的政策和程序的交流与培训
G4－SO5	确认的腐败事件和已采取的措施
G4－SO6	按国别说明，对受领者及受益者进行的政治献金的总额
G4－SO7	因涉及反竞争行为、反托拉斯法和垄断措施而受到法律诉讼的总数及其结果
G4－SO8	违反法律法规被处重大罚金的数额，以及所受非经济处罚的次数
G4－SO9	根据对社会造成影响标准筛选的新供应商的比例
G4－SO10	供应链中存在的给社会带来的重大实际和潜在负面影响及所采取的应对措施
G4－SO11	经由正式申诉机制提交、处理及解决的造成社会影响的申诉数量
子类别：产品责任	
G4－PR1	在改进主要产品及服务中针对健康与安全上的影响而进行的评估，以及需接受此类评估的主要产品和服务的百分比
G4－PR2	按结果类别说明，在产品和服务的生命周期中发生的违反产品及服务健康与安全的相关法规和自愿性准则的事件总数
G4－PR3	组织若制定了有关产品及服务信息与标识的程序，描述程序要求的产品及服务相关信息的种类，以及此类信息要求事项所涉及的主要产品及服务的百分比
G4－PR4	按结果类别划分的违反有关产品及服务信息与标识的法规和自愿性准则的事件总数
G4－PR5	调查客户满意度的结果
G4－PR6	禁售或有争议产品的销售额
G4－PR7	按后果类别划分的违反有关市场推广（包括广告、推销及赞助活动）的法规和自愿性准则的事件总数
G4－PR8	经证实的侵犯客户隐私权及丢失客户资料的投诉总数
G4－PR9	如有违反提供及使用产品和服务相关的法律法规，说明应受重大罚款的总金额

参考文献

[1] 阿奇·B. 卡罗尔、安·K. 巴克霍尔茨著，黄煜平等译：《企业与社会：伦理与利益相关者管理》，机械工业出版社2004年版。

[2] 陈佳贵、黄群慧、彭华岗、钟宏武：《中国企业社会责任研究报告（2009）》，社会科学文献出版社2009年版。

[3] 陈玉清、马丽丽：《我国上市公司社会责任会计信息市场反应实证分析》，载于《会计研究》2005年第11期，第76~81页。

[4] 程天敏：《中国の主要な外資系企業の社会的責任行動の指標分析》，载于《国际公共经济研究》2013年第24期，第81~89页。

[5] 程天敏：《中国の大手企業の社会的責任行動に関する実証分析：国有企業と民間企業の比較について》，载于《中央大学经济研究所年报》2014年第45期，第563~592页。

[6] 程天敏：《中国の民間大企業の社会的責任行動の実証分析》，载于《中央大学大学院研究年报经济学研究科篇》2015年第44期，第17~26页。

[7] 崔秀梅：《企业发布社会责任报告影响因素的研究——来自中国上市公司2008年的经验证据》，载于《南京农业大学学报》（社会科学版）2009年第4期，第40~46页。

[8] 单忠东、杨东宁、汪段泳、厉放：《中国企业社会责任调查报告（2006）》，经济科学出版社2007年版。

[9] 刁宇凡：《企业社会责任标准的形成机理研究——基于综合社会契约视阈》，载于《管理世界》2013年第7期，第180~181页。

[10] 董伊人：《企业社会责任对消费者忠诚的影响：自我构建与信息属性的交互作用》，载于《南京社会科学》2010年第5期，第27~33页。

[11] 付耀珍、贺琛、倪恒旺：《融资约束、媒体关注与企业自愿性社会责任信息披露的实证研究》，载于《武汉理工大学学报》（信息与管理工程版）2016年第3期，第309~314页。

[12] 傅文清：《上市公司业绩对社会责任信息披露水平的影响——来自2006上市公司的经验数据》，载于《会计之友》2009年第36期，第88~90页。

[13] 郭肪汝、彭龙鑫：《房地产企业社会责任评价体系构建》，载于《会计之友》2012年第24期，第34~36页。

[14] 国务院国资委综合局、中国社会科学院工业经济研究所、责任云研究院、李扬、钟宏武、张闽湘、赵秀富：《中央企业社会责任蓝皮书2018》，经济管理出版社2018年版。

[15] 韩洁、田高良、李留闯：《连锁董事与社会责任报告披露：基于组织间模仿视角》，载于《管理科学》2015年第1期，第18~31页。

[16] 郝琴：《社会责任国家标准解读》，中国经济出版社2015年版。

[17] 郝祖涛、严良、谢雄标、段旭辉：《集群内资源型企业绿色行为决策关键影响因素的识别研究》，载于《中国人口·资源与环境》2014年第10期，第170~176页。

[18] 何丽梅、李世明、侯涛：《基于企业社会责任报告视角的上市

公司环境信息披露统计分析》，载于《财会通讯》2010 年第 26 期，第32～33 页。

[19] 贺正楚、张训：《电力企业社会责任评价体系及实例分析》，载于《财经理论与实践》2011 年第 4 期，第 119～123 页。

[20] 胡蓉、张洪福、黄思然、刘皓雪：《中证 100 指数成分股 CSR 报告实质性分析（2018）——价值发现之旅 2017 系列报告》，载于《商道纵横》2018 年。

[21] 华立群、朱蓓：《中国银行业企业社会责任评价指标体系研究》，载于《南方金融》2009 年第 2 期，第 26～29 页。

[22] 华雯雯、张婧超、刘晓波：《企业社会责任报告披露质量与融资约束》，载于《新会计》2014 年第 12 期，第 8～11 页。

[23] 黄取情、刘皓雪、陈思、张洪福、郭沛源：《价值发现之旅 2015——中国企业社会责任报告研究》，载于《商道纵横》2016 年。

[24] 黄群慧、钟宏武、张蒽、汪杰：《中国企业社会责任研究报告(2017)》，社会科学文献出版社 2017 年版。

[25] 黄速建、熊梦、王晓光、肖红军：《中国企业公众透明度报告》，社会科学文献出版社 2017 年版。

[26] 姜万军、杨东宁、周长辉：《中国民营企业社会责任评价体系初探》，载于《统计研究》2006 年第 7 期，第 32～36 页。

[27] 蒋安丽：《GRI 全球首席执行官：G4 的最大挑战》，载于《WTO 经济导刊》2012 年第 10 期，第 38～39 页。

[28] 蒋尧明、郑莹：《“羊群效应”影响下的上市公司社会责任信息披露同形性研究》，载于《当代财经》2015 年第 12 期，第 109～117 页。

[29] 金立印：《企业社会责任运动测评指标体系实证研究——消费

者视角》，载于《中国工业经济》2006 年第 6 期，第 114 ~ 120 页。

［30］黎友焕、刘延平：《中国企业社会责任建设蓝皮书（2011）》，人民出版社 2011 年版。

［31］黎友焕等：《企业社会责任实证研究》，华南理工大学出版社 2010 年版。

［32］李立清：《企业社会责任评价理论与实证研究：以湖南省为例》，载于《南方经济》2006 年第 1 期，第 105 ~ 118 页。

［33］李姝、赵颖、童婧：《社会责任报告降低了企业权益资本成本吗？——来自中国资本市场的经验证据》，载于《会计研究》2013 年第 9 期，第 64 ~ 70 页。

［34］李祺、褚淑贞、郭云沛：《中国医药企业社会责任实施指南》，北京科学技术出版社 2017 年版。

［35］李伟阳、肖红军：《企业社会责任的逻辑》，载于《中国工业经济》2011 年第 10 期，第 87 ~ 97 页。

［36］李新娥、彭华岗：《企业社会责任信息披露与企业声誉关系的实证研究》，载于《经济体制改革》2010 年第 3 期，第 74 ~ 76 页。

［37］李云宏、逄淑丽、王莹、米磊：《钢铁企业社会责任评价指标的测定分析》，载于《会计之友》2014 年第 3 期，第 56 ~ 60 页。

［38］李正：《企业社会责任信息披露影响因素实证研究》，载于《特区经济》2006 年第 8 期，第 324 ~ 325 页。

［39］李正、李增泉：《企业社会责任报告鉴证意见是否具有信息含量——来自我国上市公司的经验证据》，载于《审计研究》2012 年第 1 期，第 78 ~ 86 页。

［40］李正、向锐：《中国企业社会责任信息披露的内容界定、计量方法和现状研究》，载于《会计研究》2007 年第 7 期，第 3 ~ 11 页。

[41] 刘长翠、孔晓婷：《社会责任会计信息披露的实证研究——来自沪市2002—2004年度的经验数据》，载于《会计研究》2006年第10期，第36~43、95页。

[42] 刘冬荣、毛黎明、李世辉、颜敏：《基于企业价值的上市公司社会责任信息披露实证分析》，载于《系统工程》2009年第2期，第69~72页。

[43] 刘红霞、李任斯：《在职消费、盈余透明度与社会责任报告披露》，载于《中央财经大学学报》2015年第1期，第53~62页。

[44] 刘建红、杨亚娥：《西方国家社会责任会计信息披露问题及其对我国的启示》，载于《西安财经学院学报》2004年第1期，第65~67页。

[45] 刘俊海：《公司的社会责任》，法律出版社1999年版。

[46] 刘茂平：《企业社会责任信息披露质量与企业经济绩效——基于CSR报告（2009-2011）的经验证据》，载于《武汉科技大学学报》（社会科学版）2012年第5期，第567~571页。

[47] 刘淑华、高强、刘嘉玮：《关于国有企业社会责任评价指标设计的思考》，载于《会计之友》2011年第6期，第29~32页。

[48] 买生、匡海波、张笑楠：《基于科学发展观的企业社会责任评价模型及实证》，载于《科研管理》2012年第3期，第148~154页。

[49] 毛毳、贾湖、肖承杭：《基于数据包络分析方法的建筑企业社会责任评价系统研究》，载于《科学技术与工程》2011年第34期，第8658~8664页。

[50] 庞永师、王莹：《基于粗糙集的建筑企业社会责任评价指标权重确定》，载于《工程管理学报》2012年第3期，第109~113页。

[51] 浦东企业年鉴编纂委员会：《浦东企业年鉴（2007）》，上海画

报出版社2007年版。

[52] 齐丽云、郭亚楠:《战略视角下的企业社会责任信息披露研究》,科学出版社2017年版。

[53] 商道纵横:《全面认识企业社会责任报告》,社会科学文献出版社2015年版。

[54]《商业价值》杂志:《CSR竞争力——做最适合自己的企业社会责任》,科学出版社2012年版。

[55] 上海质量管理科学研究院:《企业社会责任的履行与评价》,中国标准出版社2010年版。

[56] 沈洪涛、金婷婷:《我国上市公司社会责任信息披露的现状分析》,载于《审计与经济研究》2006年第3期,第84~87页。

[57] 世界经济论坛:《中国企业国际化新兴最佳实践——全球企业公民挑战》,载于《世界经济论坛》,2012年,第1~32页。

[58] 宋建波、盛春艳:《基于利益相关者的企业社会责任评价研究——以制造业上市公司为例》,载于《中国软科学》2009年第10期,第153~163页。

[59] 苏志平:《基于AHP的旅游企业社会责任评价体系探讨》,载于《安徽农业科学》2010年第12期,第6573~6575页。

[60] 孙乃娟、由莉颖:《零售企业社会责任评价体系及结构模型分析》,载于《黑龙江社会科学》2011年第4期,第71~74页。

[61] 孙岩:《社会责任信息披露的清晰性、第三方鉴证与个体投资者的投资决策——一项实验证据》,载于《审计研究》2012年第4期,第97~104页。

[62] 谭深、刘开明:《跨国公司的社会责任与中国社会》,社会科学文献出版社2003年版。

[63] 陶文杰、金占明：《企业社会责任信息披露、媒体关注度与企业财务绩效关系研究》，载于《管理学报》2012 年第 8 期，第 1225 ~ 1232 页。

[64] 陶晓红、曹元坤：《企业社会责任的层级理论及其应用》，载于《江西社会科学》2011 年第 9 期，第 240 ~ 244 页。

[65] 田虹、姜雨峰：《网络媒体企业社会责任评价研究》，载于《吉林大学社会科学学报》2014 年第 1 期，第 150 ~ 158 页。

[66] 王华东、徐运红：《基于 G3 指南的河北省煤矿企业社会责任评价体系的构建》，载于《河北工程大学学报（社会科学版）》2010 年第 4 期，第50 ~ 52页。

[67] 王敬勇：《煤炭行业上市公司社会责任信息披露研究》，载于《中国煤炭》2010 年第 8 期，第 37 ~ 39 页。

[68] 王蕾：《保险企业社会责任绩效评价体系的构建》，载于《南方金融》2010 年第 1 期，第 66 ~ 70 页。

[69] 王林萍、施婵娟、林奇英：《农药企业社会责任指标体系与评价方法》，载于《技术经济》2007 年第 9 期，第 98 ~ 102、122 页。

[70] 王霞、徐怡、陈露：《企业社会责任信息披露有助于甄别财务报告质量吗?》，载于《财经研究》2014 年第 5 期，第 133 ~ 144 页。

[71] 辛杰：《基于利益相关者的企业社会责任指标与表现评价》，载于《山东社会科学》2008 年第 11 期，第 83 ~ 86 页。

[72] 徐泓、朱秀霞：《低碳经济视角下企业社会责任评价指标分析》，载于《中国软科学》2012 年第 1 期，第 153 ~ 159 页。

[73] 徐尚昆、杨汝岱：《企业社会责任概念范畴的归纳性分析》，载于《中国工业经济》2007 年第 5 期，第 71 ~ 79 页。

[74] 徐雪高、张照新等：《农业产业化龙头企业社会责任信息披露

与行为评价研究》，中国农业出版社2017年版。

[75] 许家林、徐荣：《论企业社会责任报告模式的演变与现实选择》，载于《中南财经政法大学学报》2011年第5期，第41~48、143页。

[76] 阳秋林、代金云：《“两型社会”背景下的企业社会责任评价指标体系及其运用研究——以湖南企业为例》，载于《湖南社会科学》2012年第3期，第114~117页。

[77] 杨汉明、吴丹红、李翔：《企业社会责任信息披露羊群效应特征分析》，载于《财务与会计（理财版）》2012年第8期，第61~63页。

[78] 殷格非、于志宏、管竹笋：《金蜜蜂中国企业社会责任报告研究（2017）》，社会科学文献出版社2018年版。

[79] 尹开国、刘小芹、陈华东：《基于内生性的企业社会责任与财务绩效关系研究——来自中国上市公司的经验证据》，载于《中国软科学》2014年第6期，第98~108页。

[80] 袁家方：《企业社会责任》，海洋出版社1990年版。

[81] 袁明智：《企业特征与企业社会责任信息披露——来自房地产企业的经验证据》，载于《南京财经大学学报》2012年第4期，第58~64页。

[82] 翟华云：《预算软约束下外部融资需求对企业社会责任披露的影响》，载于《中国人口·资源与环境》2010年第9期，第107~113页。

[83] 张蒽：《企业社会责任负面信息披露研究》，经济管理出版社2015年版。

[84] 张静：《企业社会责任、信息披露与企业财务绩效研究》，中国财经经济出版社2017年版。

[85] 张维迎、柯荣住：《信任及其解释：来自中国的跨省调查分

析》，载于《经济研究》2002 年第 10 期，第 59 ~ 70、96 页。

[86] 张晓洁、朱卫东、李园园：《企业社会责任信息披露与企业市场地位关系研究——来自食品饮料行业的经验数据》，载于《财会通讯》2011 年第 24 期，第 100 ~ 102、161 页。

[87] 张云、赵丹：《公司社会责任履行对财务业绩的影响——基于发布企业社会责任报告下的研究》，载于《财务与金融》2014 年第 3 期，第69 ~ 75页。

[88] 张正勇：《企业社会责任报告决策价值研究——基于呈报格式和使用者认知的视角》，西南财经大学出版社 2016 年版。

[89] 张志暹：《金融机构企业社会责任评价研究》，载于《西部金融》2012 年第 10 期，第 48 ~ 53、61 页。

[90] 赵红、孙键、胡锋、赵宇彤：《基于行业内部的企业社会责任评价指标体系构建》，载于《同济大学学报（自然科学版）》2012 年第 4 期，第 650 ~ 656 页。

[91] 赵涛、刘保民、朱永明：《基于员工权益的企业社会责任评价体系探讨》，载于《郑州大学学报（哲学社会科学版）》2008 年第 2 期，第 80 ~ 82 页。

[92] 赵天燕、张雪：《我国企业社会责任评价指标体系的构建及其应用研究》，载于《财贸研究》2012 年第 6 期，第 139 ~ 145 页。

[93] 赵杨、孔祥纬：《我国企业社会责任履行绩效评价体系构建研究——基于利益相关者理论及分项评价模式》，载于《北京工商大学学报（社会科学版）》2010 年第 6 期，第 48 ~ 55 页。

[94] 赵颖、马连福：《海外企业社会责任信息披露研究综述及启示》，载于《证券市场导报》2007 年第 8 期，第 14 ~ 22 页。

[95] 中国企业评价协会、清华大学社会科学学院：《〈中国企业社会

责任评价准则〉发布》，载于《企业家信息》2014 年第 8 期，第 4 页。

［96］钟宏武、汪杰、张蒽、雷思远等：《中国企业社会责任报告指南基础框架 CASS-CSR4.0》，经济管理出版社 2018 年版。

［97］周兰、肖琼宇：《基于信息披露视角的企业社会责任评价体系设计》，载于《北京工商大学学报（社会科学版）》2012 年第 3 期，第 10～16页。

［98］朱金凤、薛惠锋：《公司特征与自愿性环境信息披露关系的实证研究——来自沪市 A 股制造业上市公司的经验数据》，载于《预测》2008 年第 5 期，第 58～63 页。

［99］朱永明：《企业社会责任评价体系研究》，载于《经济经纬》2008 年第 5 期，第 97～100 页。

［100］邹相煜、王一川：《上市公司社会责任信息披露与公司价值的相关性》，载于《财会月刊（理论版）》2008 年第 2 期，第 9～11 页。

［101］Adam，A. M.，and Shavit. T.，How Can a Ratings-Based Method for Assessing Corporate Social Responsibility（CSR）Provide an Incentive to Firms Excluded from Socially Responsible Investment Indices to Invest in CSR?. Journal of Business Ethics，82（4）：899－905.

［102］Alkhafaji，A. F.，1989. A Stakeholder Approach to Corporate Governance：Managing in a Dynamic Environment. New York：Praeger Publishers Inc.

［103］Angela Van der H，and Driessen，P. P. J.，and Cramer，J. M.，2010. Making Sense of Corporate Social Responsibility：Exploring Organizational Processes and Strategies. Journal of Cleaner Production，18（18）：1787－1796.

［104］Ansoff，H. I.，1965. Corporate Strategy：An Analytical Approach to Business Policy for Growth and Expansion. New York: McGraw Hill Press.

[105] Arlow, P., 1991. Personal Characteristics in College Students' Evaluations of Business Ethics and Corporate Social Responsibility. Journal of Business Ethics, 10 (1): 63 – 69.

[106] Aupperle, K. E., Carroll, A. B., and Hatfield, J. D., 1985. An Empirical Examination of the Relationship between Corporate Social Responsibility and Profitability. Academy of Management Journal, 28 (2): 446 – 463.

[107] Becchetti, L., Giacomo, S. D., and Pinnacchio, D., 2008. Corporate Social Responsibility and Corporate Performance: Evidence from a Panel of US Listed Companies. Applied Economics, 40 (5): 541 – 567.

[108] Birch, D., 2001. Corporate Citizenship: Rethinking Business Beyond Corporate Social Responsibility. In J. Andriof and M. McIntosh (Eds.), Perspectives on Corporate Citizenship. Sheffield: Greenleaf Publishing: 53 – 65.

[109] Black, L. D., and Härtel, C. E. J., 2004. The Five Capabilities of Socially Responsible Companies. Journal of Public Affairs, 4 (2): 125 – 144.

[110] Booth, P., Moores, K. J., and McNamara, R., 1987. Researchthe Information Content of Social Responsibility Disclosure. The British Accounting Review, 19 (1): 35 – 51.

[111] Bowen, H. R., 1953. Social Responsibilities of the Businessman. New York: Harper & Row.

[112] Brenner, S. N., and Cochran, P. L., 1991. The Stakeholder Model of the Firm: Implications for Business and Society Theory and Re-

search. In J. F. MacMohan (Ed.), Proceedings of the International Association for Business and Society. Sundance: 449 – 467.

[113] Buhr, N., 1998. Environmental Performance, Legislation and Annual Report Disclosure: The Case of Acid Rain and Falconbridge. Accounting, Auditing & Accountability Journal, 11 (2): 163 – 190.

[114] Bundy, J., Shropshire, C., and Buchholtz, A. K., 2013. Strategic Cognition and Issue Salience: Toward an Explanation of Firm Responsiveness to Stakeholder Concerns. Academy of Management Review, 38 (3): 352 – 376.

[115] Campbell, D., and Beck, A. C., 2004. Answering Allegations: The Use of The Corporate Website for Restorative Ethical and Social Disclosure. Business Ethics, A European Review, 13 (2 – 3): 100 – 116.

[116] Campbell, J. L., 2007. Why Would Corporations Behave in Socially Responsible Ways? An Institutional Theory of Corporate Social Responsibility. Academy of Management Review, 32 (3): 946 – 967.

[117] Carroll, A. B., 1979. A Three-Dimensional Conceptual Model of Corporate Social Performance. Academy of Management Review, 4 (4): 497 – 505.

[118] Carroll, A. B., 1991. The Pyramid of Corporate Social Responsibility: Toward the Moral Management of Organizational Stakeholders. Business Horizons, 34 (4): 39 – 48.

[119] Carroll, A. B., 1999. Corporate Social Responsibility: Evolution of a Definitional Construct. Business and Society, 38 (3): 268 – 295.

[120] Carroll, A. B., 2004. Managing Ethically with Global Stakeholders: A present and Future Challenge. The Academy of Management Executive,

18 (2): 114 – 120.

[121] Clarkson, M. B. E., 1995. A Stakeholder Framework for Analyzing and Evaluating Corporate Social Performance. Academy of Management Review, 20 (1): 92 – 117.

[122] Committee for Economic Development, 1971. Social Responsibilities of Business Corporations. Author.

[123] Cornell, B., and Shapiro, A. C., 1987. Corporate Stakeholders and Corporate Finance. Financial Management, 16 (1): 5 – 14.

[124] Corporate Register, 2013. CR Perspectives 2013: Global CR Reporting Trends and Stakeholder Views. London: CorporateRegister. com.

[125] Cowen, S. S., and Ferreri, L. B., and Parker, L. D., 1987. The Impact of Corporate Characteristics on Social Responsibility Disclosure: A Typology and Frequency-Based Anaysis. Accounting, Organizations and Society, 12 (2): 111 – 122.

[126] Davis, D., and MacDonald, J. B., 2010. Improving the Promotion of CSR Initiatives: A Framework for Understanding Stakeholder Communications from a Dynamic Learning Perspective. Academy of Marketing Studies Journal, 14 (2): 77 – 93.

[127] Davis, K., 1960. Can Business Afford to Ignore Social Responsibilities?. California Management Review, 2 (3): 70 – 76.

[128] Deegan, C., 2002. The Legitimising Effect of Social and Environmental Disclosures-A Theoretical Foundation. Accounting, Auditing & Accountability Journal, 15 (3): 282 – 311.

[129] Dhaliwal, D. S., Li, O. Z., Tsang. A., Yang and Y. G., 2011. Voluntary Nonfinancial Disclosure and the Cost of Equity Capital: The

Initiation of Corporate Social Responsibility Reporting. The Accounting Review, 86 (1): 59 - 100.

[130] Dodd, E. M., 1932. For Whom Are Corporate Managers Trustees?. Harvard Law Review, 45 (7): 1145 - 1163.

[131] Donaldson, T., and Preston, L. E., 1995. The Stakeholder Theory of the Corporation: Concepts, Evidence, and Implications. Academy of Management Review, 20 (1): 65 - 91.

[132] Dou, Y., Zhu, Q., and Sarkis, J., 2014. Evaluating Green Supplier Development Programs with a Grey-Analytical Network Process-Based Methodology. European Journal of Operational Research, 233 (2): 420 - 431.

[133] Elkington, J., 1998. Cannibals with Forks: The Triple Bottom Line of 21st Century Business. Gabriola Island, BC. Environmental Quality Management, 8 (1): 37 - 51.

[134] Elkington, J., 1999. Cannibals with Forks: The Triple Bottom Line of 21st Century Business. New Jersey: Capstone Publishing Ltd.

[135] Eng, L. L., and Mak, Y. T., 2003. Corporate Governance and Voluntary Disclosure. Journal of Accounting and Public Policy, 22 (4): 325 - 345.

[136] Erdiaw-Kwasie, M. O., and Shahiduzzaman, K. A., 2017. Towards Understanding Stakeholder Salience Transition and Relational Approach to 'Better' Corporate Social Responsibility: A Case for a Proposed Model in Practice. Journal of Business Ethics, 144 (1): 85 - 101.

[137] Ernst and Ernst, 1978. 1977 Survey of Fortune 500 Annual Reports. Cleveland: Ernst and Ernst.

[138] Fombrun, C., and Shanley, M., 1990. What's in a Name? Reputation Building and Corporate Strategy. Academy of Management Journal, 33 (2): 233 – 258.

[139] Frederick, W. C., 1960. The Growing Concern over Business Responsibility. California Management Review, 2 (4): 54 – 61.

[140] Frederick, W. C., 1978. From CSR1 to CSR2: The Maturing of Business-and-Society Thought, Working Paper No. 279 (Graduate School of Business, University of Pittsburgh).

[141] Frederick, W. C., 1994. From CSR1 to CSR2: The Maturing of Business-and-Society Thought. Business & Society, 33 (2): 150 – 164.

[142] Freeman, R. E., 1983. Strategic Management: A Stakeholder Approach. Advances in Strategic Management, 1 (1): 31 – 60.

[143] Freeman, R. E., 1984. Strategic Management: A Stakeholder Approach. Boston: Harpercollins College Div.

[144] Freeman, R. E., 1999. Response: Divergent Stakeholder Theory. Academy of Management Review, 24 (2): 233 – 236.

[145] Freeman, R. E., and Reed, D. L., 1983. Stockholders and Stakeholders: A New Perspective on Corporate Governance. California Management Review, 25 (3): 88 – 106.

[146] Friedman, M., 1962. Capitalism and Freedom. Chicago: University of Chicago Press.

[147] Garriga, E., and Melé, D., 2004. Corporate Social Responsibility Theories: Mapping the Territory. Journal of Business Ethics, 53 (1 – 2): 51 – 71.

[148] Gjølberg, M., 2009. Measuring the Immeasurable?: Construc-

ting an Index of CSR Practices and CSR Performance in 20 Countries. Scandinavian Journal of Management, 25 (1): 10 – 22.

[149] Godfrey, P. C., Merrill, C. B., and Hansen, J. M., 2009. The Relationship Between Corporate Social Responsibility and Shareholder Value: An Empirical Test of the Risk Management Hypothesis. Strategic Management Journal, 30 (4): 425 – 445.

[150] Goss, A., and Roberts, G. S., 2011. The Impact of Corporate Social Responsibility on the Cost of Bank Loans. Journal of Banking & Finance, 35 (7): 1794 – 1810.

[151] Governance and Accountability Institute, 2017. Research Results: Using the GRI Sustainability Reporting Framework Improves the Quality of ESG Disclosures-Joint Research From G&A Institute and Baruch College Shows. Governance and Accountability Institute.

[152] Gray, R. H., Kouhy, R., and Lavers, S., 1995a. Corporate Social and Environmental Reporting: A Review and a Longitudinal Study of UK Disclosure, Accounting. Accounting, Auditing & Accountability Journal, 8 (2): 47 – 77.

[153] Gray, R. H., Kouhy, R., and Lavers, S., 1995b. Methodological Themes: Constructing a Research Database of Social and Environmental Reporting by UK Companies. Accounting, Auditing & Accountability Journal, 8 (2): 78 – 101.

[154] Gray, R., 2000. Thirty Years of Social Accounting, Reporting and Auditing: What (If Anything) Have We Learnt? Business Ethics, A European Review. 10 (1): 9 – 15.

[155] GRI, 2013. G4 Global Reporting Initiative Sustainability Reporting

Guidelines, GRI, 1 – 94.

[156] Hayibor, S., 2017. Is Fair Treatment Enough? Augmenting the Fairness-Based Perspective on Stakeholder Behaviour. Journal of Business Ethics, 140 (1): 43 – 64.

[157] Heald, M., 1970. The Social Responsibilities of Business: Company and Community, 1900 – 1960. Cleveland, OH: Case Western Reserve University Press.

[158] Healy, P. M., and Krishna, G. P., 2003. How the Quest for Efficiency Corroded the Market. Harvard Business Review, 81 (7): 76 – 85.

[159] Hillman, A. J., and Keim, G. D., 2001. Shareholder Value, Stakeholder Management, and Social Issues: What's the Bottom Line?. Strategic Management Journal, 22 (2): 125 – 139.

[160] Hockerts, K., and Moir, L., 2004. Communicating Corporate Responsibility to Investors: The Changing Role of the Investor Relations Function. Journal of Business Ethics, 52 (1): 85 – 98.

[161] Hooghiemstra, R., 2000. Corporate Communication and Impression Management-New Perspectives Why Companies Engage in Corporate Social Reporting. Journal of Business Ethics, 27 (1 – 2): 55 – 68.

[162] Islam, M. A., and Deegan, C., 2010. Media Pressures and Corporate Disclosure of Social Responsibility Performance Information: A Study of Two Global Clothing and Sports Retail Companies. Accounting and Business Research, 40 (2): 131 – 148.

[163] Jenkins, H., and Yakovleva, N., 2006. Corporate Social Responsibility in the Mining Industry: Exploring Trends in Social and Environmental Disclosure. Journal of Cleaner Production, 14 (3 – 4): 271 – 284.

[164] KPMG, 2017, The Road Ahead: The KPMG Survey of Corporate Responsibility Reporting 2017. KPMG, 1 –58.

[165] Lang, M. H., and Lundholm, R. J., 1996. Corporate Disclosure Policy and Analyst Behavior. The Accounting Review, 71 (4): 467 –492.

[166] Magness. V., 2006. Strategic Posture, Financial Performance and Environmental Disclosure: An Empirical Test of Legitimacy Theory. Accounting, Auditing & Accountability Journal, 19 (4): 540 –563.

[167] McGuire, J. W., 1963. Business and Society. New York: McGraw Hill Book Company.

[168] McMillan, G. S., 1996. Corporate Social Investment: Do They Pay?. Journal of Business Ethics, 15 (3): 309 –314.

[169] McWilliams, A., and Siegel, D., 2000. Corporate Social Responsibility and Financial Performance: Correlation or Misspecification?. Strategic Management Journal, 21 (5): 603 –609.

[170] Mills, D. L., and Gardner, M. J., 1984. Financial Profiles and the Disclosure of Expenditures for Socially Responsible Purposes. Journal of Business Research, 12 (4): 407 –424.

[171] Mitchell, R. K., Agle, B. R., and Wood, D. J., 1997. Toward a Theory of Stakeholder Identification and Salience: Defining the Principle of who and What Really Counts. Academy of Management Review, 22 (4): 853 –886.

[172] Myers, S. C., and Majluf, N. S., 1984. Corporate Financing and Investment Decisions When Firms Have Information That Investors do Not Have. Journal of Financial Economics, 13 (2): 187 –221.

[173] National Association of Accountants, 1974. Accounting for Corpo-

rate Social Performance: Measurement of Cost of Social Actions. Management Accounting, 56: 2 -8.

[174] Newson, M., and Deegan, C., 2002. Global Expectations and Their Association with Corporate Social Disclosure Practices in Australia, Singapore, and South Korea. The International Journal of Accounting, 37 (2): 183 -213.

[175] O'Dwyer, B., Unerman, J., and Hession, E., 2005. User Needs in Sustainability Reporting: Perspectives of Stakeholders in Ireland. European Accounting Review, 14 (4): 759 -787.

[176] Öoberseder, M., Schlegelmilch, B. B., Murphy, P. E., and Gruber, V., 2014. Consumers' Perceptions of Corporate Social Responsibility: Scale Development and Validation. Journal of Business Ethics, 124 (1): 101 -115.

[177] Ponnu, C. H., and Okoth, M. O. A., 2009. Corporate Social Responsibility Disclosure in Kenya: The Nairobi Stock Exchange. African Journal of Business Manegement, 3 (10): 601 -608.

[178] Porter, M. E., 1980. Competitive Strategy: Techniques for Analyzing Industries and Competitors. New York: Free Press.

[179] Porter, M. E., and Kramer, M. R., 2002. The Competitive Advantage of Corporate Philanthropy. Harvard Business Review, 80 (12): 56 -68.

[180] Post, J. E., Preston, L. E., and Sachs. S., 2002. Managing the Extended Enterprise: The New Stakeholder View. California Management Review, 45 (1): 6 -28.

[181] Pérez, A., and Bosque, I. R. D., 2013. Measuring CSR Im-

age: Three Studies to Develop and to Validate a Reliable Measurement Tool. Journal of Business Ethics, 118 (2): 265 -286.

[182] Richardson, A. J., and Welker, M., 2001. Social Disclosure, Financial Disclosure and the Cost of Equity Capital. Accounting, Organization and Society, 26 (7 -8): 597 -616.

[183] Roberts, R. W., 1992. Determinants of Corporate Social Responsibility Disclosure: An Application of Stakeholder Theory. Accounting, Organizations and Society, 17 (6): 595 -612.

[184] Ruf, B. M., Muralidhar, K., Brown, R. M., Janney, J. J., and Paul, K., 2001. An Empirical Investigation of the Relationship Between Change in Corporate Social Performance and Financial Performance: A Stakeholder Theory Perspective. Journal of Business Ethics, 32 (2): 143 -156.

[185] Saeed, G., 2011. Value Creation Model through Corporate Social Responsibility (CSR). International Journal of Business and Management, 6 (9): 148 -154.

[186] Schwartz, M. S., and Carroll, A. B., 2003. Corporate Social Responsibility: A Three-Domain Approach. Business Ethics Quatterly, 13 (4): 503 -530.

[187] Sen, S., and Bhattacharya, C. B., 2001. Does Doing Good Always Lead to Doing Better? Consumer Reactions to Corporate Social Responsibility. Journal of Marketing Research, 38 (2): 225 -243.

[188] Servaes, H., and Tamayo, A., 2013. The Impact of Corporate Social Responsibility on Firm Value: The Role of Customer Awareness. Manegement Science, 59 (5): 1045 -1061.

[189] Sethi, S. P., 1975. Dimensions of Corporate Social Perform-

ance: An Analytical Framework. California Management Review, 17 (3): 58 -64.

[190] Sheldon, O., 1924. The Philosophy of Management. London: Isaac Pitman & Sons Ltd.

[191] Strand, R., 2013. The Chief Officer of Corporate Social Responsibility: A Study of Its Presence in Top Management Teams. Journal of Business Ethics, 112 (4): 721 -734.

[192] Trotman, K. T. and Bradley, G. W., 1981. Associations Between Social Responsibility Disclosure and Characteristics of Companies. Accounting, Organizations and Society, 6 (4): 355 -362.

[193] Tuker, D., 2009. Measuring Corporate Social Responsibility: A Scale Development Study. Journal of Business Ethics, 85 (4): 411 -427.

[194] Ullmann, A. A., 1985. Data in Search of a Theory: A Critical Examination of the Relationships Among Social Performance, Social Disclosure, and Economic Performance of U. S. Firms. Academy of Management Review, 10 (3): 540 -557.

[195] UN, 1972. Declaration of the United Nations Conference on the Human Environment. Stockholm, 16 June 1972.

[196] Urbaniak, M., 2015. The Role of the Concept of Corporate Social Responsibility in Building Relationships in the Supply Chain. LogForum, 11 (2): 199 -205.

[197] Villers, C., and Staden, C. J., 2006. Can Less Environmental Disclosure Have a Legitimising Effect? Evidence from Africa. Accounting, Organizations and Society, 31 (8): 763 -781.

[198] Waddock, S., and Smith, N., 2000. Relationships: The Real

Challenge of Corporate Global Citizenship. Business and Society Review, 105 (1): 47 -62.

[199] Wartick, S. L., and Cochran, P. L., 1985. The Evolution of the Corporate Social Performance Model. Academy of Management Review, 10 (4): 758 -769.

[200] Wood, D. J., 1991. Corporate Social Performance Revisited. Academy of Management Review, 16 (4): 691 -718.

[201] World Commission On Environment and Development, 1987. Our Common Future. Oxford: Oxford University Press.

[202] Yamagami, T., and Kokubu, K., 1991. A Note on Corporate Social Disclosure in Japan. Accounting, Auditing & Accountability Journal, 4 (4): 32 -39.

后　　记

本书在撰写和出版过程中，得到了多方面的支持和帮助。完稿付梓之际，特向家人及众多良师益友表达诚挚的谢意！

首先，感谢父亲程金旺和母亲林爱珠。为了实现心中的梦想，我远渡重洋、他乡求学。从语言学习到攻读博士的 13 年漫长异国求学生涯中，父母亲一直提供经济支持直至我获得日本中央大学经济学博士学位，是父母无私的爱一直支撑着我努力学习。在留学期间对家人疏于照顾，但家人自始至终的引导、鼓励、鞭策中使我不断成长。本书写作的过程中，在国外高校任职的姐姐程文华给予了我悉心指导和不断关怀。特此感谢一直默默给予我关心和支持的家人。

同时，要特别感谢我的博士导师日本中央大学经济学部教授田中广滋先生。先生严谨的治学态度深刻地影响了我，也是先生引领我走入企业社会责任研究的大门。还要感谢我读博期间同门学术前辈日本公益财团法人矢崎科学技术振兴纪念财团常务理事米田笃裕先生，先生一直从事企业社会责任研究，为本书的写作提供了部分外文学术资料。

其次，我所属学院的同事们为本书的写作提供了帮助。尤其是当我与学院同事韩鹏博士交流本书的内容时，他总是毫不吝啬分享他的观点。同事们的宝贵意见促使我不断完善本书的写作内容。感谢学院同事、学术前辈和同行专家所提出的评价及建议，以及经济科学出版社编辑杨洋博士与校对人员参与全书的编辑、排版与校对工作。

最后，本书的顺利完成离不开西南政法大学的支持，也离不开我所属院系工作人员的认真配合，在此一并感谢。

本书是2018年西南政法大学引进人才科研资助项目“中国企业社会责任推进机制研究”（项目编号：2018－XZRCXM001）研究成果，不代表资助机构观点。

由于笔者水平有限，本书难免存在不足之处甚至谬误和疏漏，恳请广大同行专家和读者批评指正。

谨以此文，献给所有爱我的人和我爱的人！

程天敏

2019年9月